ASCOLTO

1

EAR TRAINING MELODICO
SCALA DI DO MAGGIORE

ESERCIZIO 1 Ascolta e canta più volte mentalmente la scala di Do maggiore in senso ascendente e discendente fino a memorizzarla perfettamente.

ESERCIZIO 2 Ascolta queste cinque scale eseguite al pianoforte e segna con una X quella di Do maggiore, che dovresti aver memorizzato.

SCALA 1 SCALA 2 SCALA 3 SCALA 4 SCALA 5

ESERCIZIO 3 Ora ascolterai 6 coppie di suoni: il primo di ogni coppia è già scritto sul pentagramma mentre il secondo dovrai scriverlo tu, prima in lettere e poi con la nota. La prima coppia è già scritta al completo.

1. DO RE

2. DO ___

3. DO ___

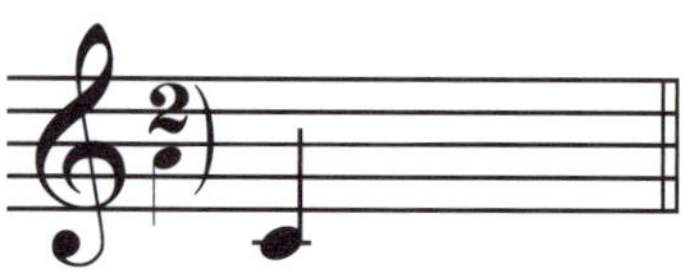

4. DO ___

5. DO ___

6. DO ___

ESERCIZIO 4 Stesso esercizio ma con gruppetti di 3 note. Dovrai individuare la nota mancante e scriverla prima in lettere e poi con la nota. Il primo gruppetto è già completo.

1. DO MI SOL

2. DO RE ___

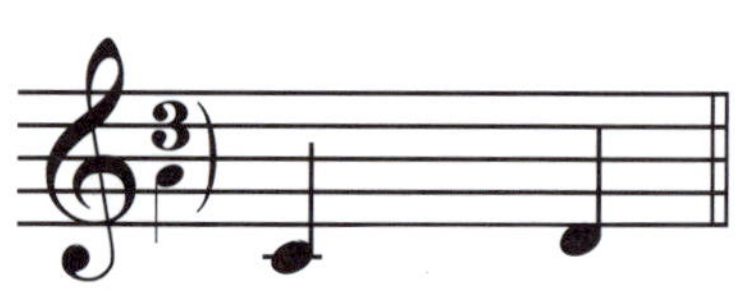

2. DO ___ RE

4. DO ___ MI 5. DO SOL ___ 6. DO ___ SI

ESERCIZIO 5 Ora i gruppetti sono formati da quattro suoni e due sono quelli da individuare e scrivere. Il primo gruppetto è già completo.

1. DO RE MI SOL 2. DO RE MI FA 3. DO SOL FA MI

4. DO RE SOL SOL 2. (5) DO SOL LA SOL 2. (6) DO SOL DO SOL

ESERCIZIO 6 Frasi melodiche da cinque note da completare. Il primo gruppetto è già completo.

1. DO MI FA SOL DO 2. DO RE MI SOL RE

3. DO SOL MI (FA) SOL DO 4. DO MI RE FA MI

5. DO RE MI LA SOL 6. DO DO SI LA SOL

2

EAR TRAINING MELODICO

INTERVALLO DI 2ª maggiore e minore

L'intervallo di seconda può essere **maggiore** (quando la distanza fra le note è di **un tono**) e **minore** (quando la distanza è di **un semitono**).

ESERCIZIO 1 Ascolta e canta più volte mentalmente questi due frammenti melodici fino a memorizzarne perfettamente le due note indicate dai due riquadri.

(1) *Tanti auguri*

(2) *Barcarola* di J. Offenbach

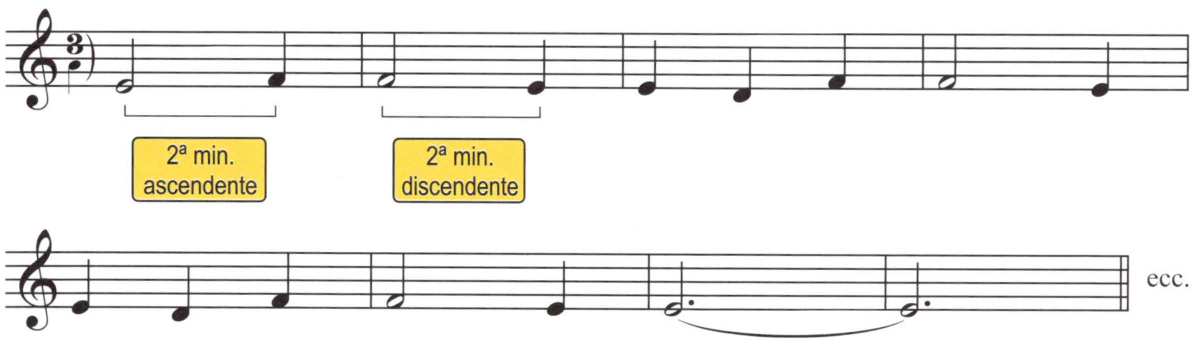

TEST 1 Ascolta questi otto intervalli di seconda (ascendenti e discendenti) eseguiti al pianoforte, cerca di capire se la distanza fra le note è di un tono (intervallo di 2ª maggiore) o di un semitono (intervallo di 2ª minore) e segna con una X la risposta corretta.

1. ❑ maggiore ❑ minore

2. ❑ maggiore ❑ minore

3. ❑ maggiore ❑ minore

4. ❑ maggiore ❑ minore

5. ❑ maggiore ❑ minore

6. ❑ maggiore ❑ minore

7. ❑ maggiore ❑ minore

8. ❑ maggiore ❑ minore

INTERVALLO DI 3ª maggiore e minore

L'intervallo di terza è **maggiore** quando la distanza fra le note è di **due toni**, è **minore** quando la distanza è di un tono + un semitono (**un tono e mezzo**).

ESERCIZIO 2 Ascolta e canta più volte mentalmente questi quattro frammenti melodici fino a memorizzarne perfettamente le due note indicate dal riquadro.

(1) *La Primavera* di A. Vivaldi

(2) *Oh che bel castello*

(3) *Greenleeves*

(4) *Birichinata* di Fiorenzo Carpi (dal film *Pinocchio*)

TEST 2 Ascolta questi otto intervalli di terza (ascendenti e discendenti) eseguiti al pianoforte e segna con una X la risposta corretta.

1. ☐ maggiore ☒ minore
2. ☒ maggiore ☐ minore
3. ☐ maggiore ☒ minore
4. ☐ maggiore ☒ minore
5. ☒ maggiore ☐ minore
6. ☒ maggiore ☒ minore
7. ☐ maggiore ☒ minore
8. ☒ maggiore ☐ minore

INTERVALLI DI 4ª, 5ª e 8ª giusti

Gli intervalli di **quarta**, di **quinta** e di **ottava** sono definiti **intervalli giusti**, e non maggiori o minori. Anch'essi possono essere ampliati o ristretti con delle alterazioni ma per il momento non ce ne occupiamo.

L'intervallo di **quarta** è di due toni e mezzo; quello di quinta è di tre toni e mezzo e quello di ottava è di sei toni.

ESERCIZIO 3 Ascolta e canta più volte mentalmente questi sei frammenti melodici fino a memorizzarne perfettamente le due note indicate dal riquadro.

(1) *Preludio* dal *Te Deum* di Marc-Antoine Charpentier

(2) *Adeste fideles*

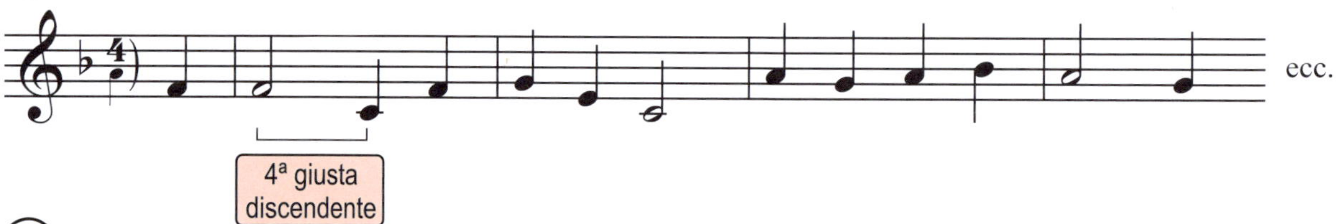

(3) *Twinkle Twinkle Little Star*

(4) *Il lago dei cigni* di P. I. Ciaikovskji

(5) *Over the rainbow* di E. Y. Hardburg - H. Arlen

6

Abbronzatissima di Edoardo Vianello

TEST 3A Ascolta questi otto intervalli di quarta e di quinta (ascendenti e discendenti) eseguiti al pianoforte e segna con una X la risposta corretta.

1. ❑ 4ª giusta ❑ 5ª giusta
2. ❑ 4ª giusta ❑ 5ª giusta
3. ❑ 4ª giusta ❑ 5ª giusta
4. ❑ 4ª giusta ❑ 5ª giusta
5. ❑ 4ª giusta ❑ 5ª giusta
6. ❑ 4ª giusta ❑ 5ª giusta
7. ❑ 4ª giusta ❑ 5ª giusta
8. ❑ 4ª giusta ❑ 5ª giusta

TEST 3B Ascolta questi otto intervalli di quinta e di ottava (ascendenti e discendenti) eseguiti al pianoforte e segna con una X la risposta corretta.

1. ❑ 5ª giusta ❑ 8ª giusta
2. ❑ 5ª giusta ❑ 8ª giusta
3. ❑ 5ª giusta ❑ 8ª giusta
4. ❑ 5ª giusta ❑ 8ª giusta
5. ❑ 5ª giusta ❑ 8ª giusta
6. ❑ 5ª giusta ❑ 8ª giusta
7. ❑ 5ª giusta ❑ 8ª giusta
8. ❑ 5ª giusta ❑ 8ª giusta

TEST 3C Ascolta questi otto intervalli di quarta, di quinta e di ottava (ascendenti e discendenti) eseguiti al pianoforte e segna con una X la risposta corretta.

1. ❑ 4ª giusta ❑ 5ª giusta ❑ 8ª giusta
2. ❑ 4ª giusta ❑ 5ª giusta ❑ 8ª giusta
3. ❑ 4ª giusta ❑ 5ª giusta ❑ 8ª giusta
4. ❑ 4ª giusta ❑ 5ª giusta ❑ 8ª giusta
5. ❑ 4ª giusta ❑ 5ª giusta ❑ 8ª giusta
6. ❑ 4ª giusta ❑ 5ª giusta ❑ 8ª giusta
7. ❑ 4ª giusta ❑ 5ª giusta ❑ 8ª giusta
8. ❑ 4ª giusta ❑ 5ª giusta ❑ 8ª giusta

INTERVALLO DI 6ª maggiore e minore

L'intervallo di sesta è **maggiore** quando la distanza fra le note è di **quattro toni e mezzo**, è **minore** quando la distanza è di **quattro toni**.

ESERCIZIO 4 Ascolta e canta più volte mentalmente queste tre melodie fino a memorizzarne perfettamente le due note indicate dal riquadro.

(1) *Libiamo ne' lieti calici* da *La Traviata* di Giuseppe Verdi

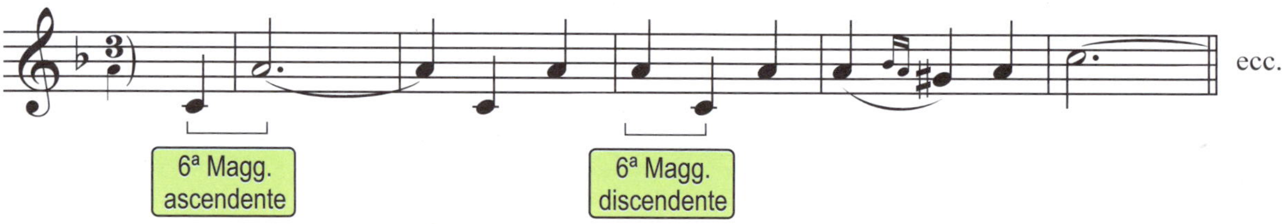

(2) *Go down Moses* (spiritual)

(3) *Love story* di Francis Lay

TEST 4 Ascolta questi otto intervalli di sesta (ascendenti e discendenti) eseguiti al pianoforte e segna con una X la risposta corretta.

1. ❑ maggiore ❑ minore
2. ❑ maggiore ❑ minore
3. ❑ maggiore ❑ minore
4. ❑ maggiore ❑ minore
5. ❑ maggiore ❑ minore
6. ❑ maggiore ❑ minore
7. ❑ maggiore ❑ minore
8. ❑ maggiore ❑ minore

RIEPILOGO DEGLI INTERVALLI

2ª Magg.	2ª min.	3ª Magg.	3ª min.	4ª giusta	5ª giusta	6ª Magg.	6ª min.	8ª giusta

TEST 5 Ascolta questi nove frammenti melodici e numerali seguendo l'ordine in cui ti vengono proposti.

Fratello sole, sorella luna (R. Ortolani)

FRAMMENTO N. ___

The Sound of silence (P. Simon)

FRAMMENTO N. ___

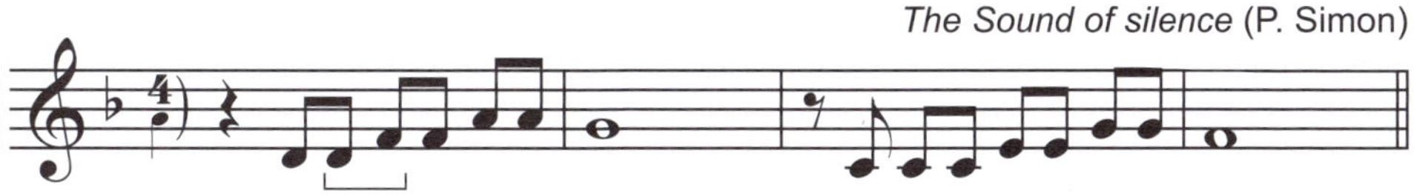

Arrivederci Roma (R. Rascel)

FRAMMENTO N. ___

Danza Polovesiana (A. P. Borodin)

FRAMMENTO N. ___

White Christmas (I. Berlin)

FRAMMENTO N. ___

Lola (W. Donaldson)

FRAMMENTO N. ___

Singin' in the rain (A. Freed - N. H. Brown)

FRAMMENTO N. ___

Orfeo negro (L. Bonfa)

FRAMMENTO N. ___

O Tannenbaum (Tradizionale)

FRAMMENTO N. ___

3

EAR TRAINING ARMONICO

DAGLI INTERVALLI AGLI ACCORDI

Finora abbiamo considerato l'intervallo come due suoni in successione, cioè prima un suono poi un altro; ma l'intervallo può essere formato anche da due suoni simultanei, cioè eseguiti contemporaneamente. Nel primo caso l'intervallo si chiama **melodico**, nel secondo caso si chiama **armonico**.

Gli intervalli melodici servono a costruire **la melodia,** mentre gli intervalli armonici servono a costruire l'**armonia**, cioè quel tappeto sonoro che accompagna la melodia, conferendole sostegno e colore.

Esempio

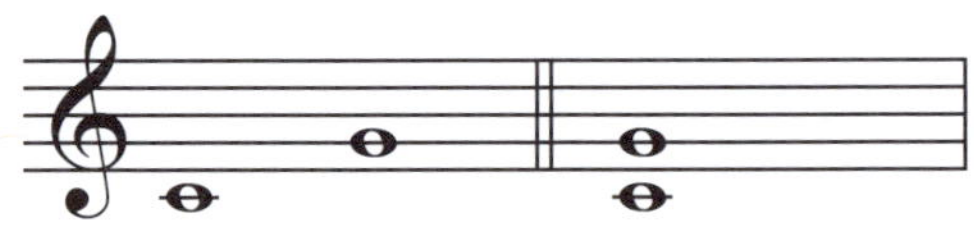

Tuttavia per creare un sostegno pieno e coinvolgente non basta un semplice intervallo armonico, ma serve una combinazione di più intervalli sovrapposti che si chiama **accordo**. L'**accordo è** quindi **la sovrapposizione di due o più intervalli di terza**.

Sovrapponendo due intervalli di terza avremo un accordo di 3 suoni.
Se il primo intervallo è di terza maggiore, anche l'accordo sarà maggiore; in questo caso si tratta di un Do Maggiore perché l'accordo prende il nome dalla **nota più bassa** che si chiama **fondamentale**.
Se invece il primo intervallo è di terza minore anche l'accordo sarà minore, in questo caso un Do minore.

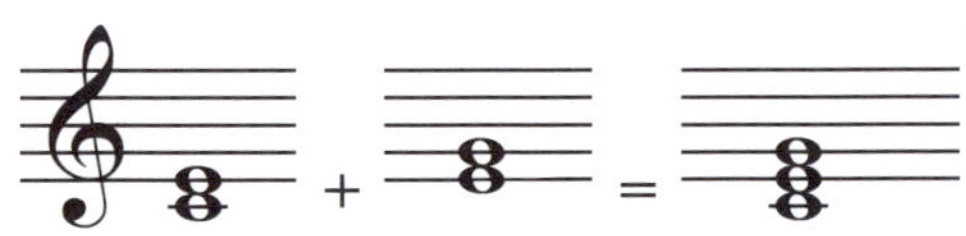

ESERCIZIO 1 Ascolta questi accordi maggiori e minori e cerca di interiorizzare la sensazione emotiva che essi trasmettono.

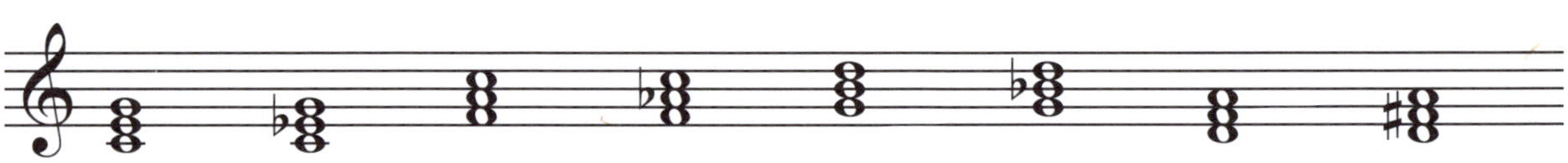

* Nelle sigle degli accordi M (maiuscolo) sta per maggiore, m (minuscolo) sta per minore.

TEST 1 Ascolta questi otto accordi eseguiti da un'orchestra d'archi e segna con una X la risposta corretta.

1. ❑ maggiore ❑ minore
2. ❑ maggiore ❑ minore
3. ❑ maggiore ❑ minore
4. ❑ maggiore ❑ minore
5. ❑ maggiore ❑ minore
6. ❑ maggiore ❑ minore
7. ❑ maggiore ❑ minore
8. ❑ maggiore ❑ minore

TONO MAGGIORE - TONO MINORE

La base armonica di una melodia è costituita da un susseguirsi di accordi che possono essere maggiori e minori (e di tante altre specie che però al momento non affrontiamo). Il primo accordo determina il tono della melodia: se è maggiore anche la melodia sarà di tono maggiore; viceversa, se il primo accordo è minore anche la melodia sarà di tono minore.

ESERCIZIO 2 Ascolta questa melodia eseguita prima in tono maggiore, poi in tono minore e cerca di percepirne le diverse sensazioni:

Tono maggiore

Tono minore

TEST 2 Ascolta queste otto melodie individuando se sono di tono maggiore o minore.

1. ❑ maggiore ❑ minore
2. ❑ maggiore ❑ minore
3. ❑ maggiore ❑ minore
4. ❑ maggiore ❑ minore
5. ❑ maggiore ❑ minore
6. ❑ maggiore ❑ minore
7. ❑ maggiore ❑ minore
8. ❑ maggiore ❑ minore

4 CLASSIFICAZIONE DEGLI STRUMENTI

Abbiamo già imparato a classificare i vari strumenti in base a come viene prodotto il suono.

AEROFONI Quando il suono è generato dalle vibrazioni dell'aria

CORDOFONI Quando il suono è generato dalle vibrazioni di corde

MEMBRANOFONI Quando il suono è generato dalla vibrazione di una membrana

IDIOFONI Quando il suono è generato dal corpo dello strumento stesso

ELETTROFONI Quando il suono è generato o modificato da un circuito elettrico
(Ad esempio, nella tastiera elettronica il suono è generato direttamente da un circuito elettrico, mentre nella chitarra elettrica il circuito modifica e amplifica il suono che però è generato dalle corde. Questo strumento può essere quindi inserito sia nei cordofoni che negli elettrofoni)

Ora vedremo come queste cinque *famiglie* possono essere suddivise, a loro volta, in gruppi e sottogruppi, in base alle caratteristiche sonore degli strumenti, al timbro, al materiale con cui sono costruiti e alla modalità di esecuzione.

AEROFONI

- **a fiato**
  l'aria è soffiata dall'esecutore
  - **legni**
    (sono costruiti in legno)
    Ottavino*
    Flauto dolce
    Flauto traverso*
    Oboe
    Clarinetto
    Fagotto
  - **ottoni**
    (sono costruiti in ottone)
    Tromba
    Trombone
    Corno
    Tuba
  - **sassofoni (o saxofoni)**
    (sono costruiti in ottone ma si suonano in modo simile ai legni e perciò vengono classificati a parte)
    Saxofono soprano, Saxofono contralto, Saxofono tenore, Saxofono baritono, Saxofono basso
- **a mantice (o serbatoio d'aria)**
  l'aria entra nello strumento attraverso una specie di sacca espandibile
  Organo a canne
  Fisarmonica
  Cornamusa

* Sono in metallo ma figurano in questo gruppo perché anticamente erano costruiti in legno.

CORDOFONI

ad arco*
Violino
Viola
Violoncello
Contrabbasso

a pizzico
Arpa
Chitarra
Mandolino
Clavicembalo

a percussione
Pianoforte

* Spesso gli strumenti ad arco vengono suonati anche a pizzico

MEMBRANOFONI

a suono determinato
(che emettono suoni intonati)
Timpani

a suono indeterminato
(che emettono suoni ibridi, non intonati)
Tamburo, Grancassa, Congas, Bongos

IDIOFONI

a suono determinato
Xilofono, Vibrafono, Marimba, Metallofono, Campane tubolari

a suono indeterminato
Triangolo, Maracas, Piatti, legnetti, Nacchere, Shaker, Guiro

ELETTROFONI

Chitarra elettrica*, Organo Hammond, Sintetizzatore, Tastiera elettronica, Campionatore

* Potrebbe essere più corretto classificare la chitarra elettrica fra i cordofoni in quanto il suono è amplificato elettronicamente ma è generato dalle corde.

5 GLI STRUMENTI DELL'ORCHESTRA

Nell'orchestra sinfonica gli strumenti sono suddivisi in 4 categorie: **Legni**, **Ottoni**, **Archi** e **Percussioni**. Ogni volta che avrai occasione di ascoltare un'orchestra dal vivo vedrai che gli **Archi** sono sistemati sempre davanti, alla tua sinistra ci sono **i violini**, al centro **le viole** e alla tua destra **i violoncelli** e **i contrabbassi**, poi subito dietro ci sono i **Legni** e gli **Ottoni** e in fondo al palco le **Percussioni**. **Il Direttore** sta al centro del palco in modo che tutti gli orchestrali possano vederlo.

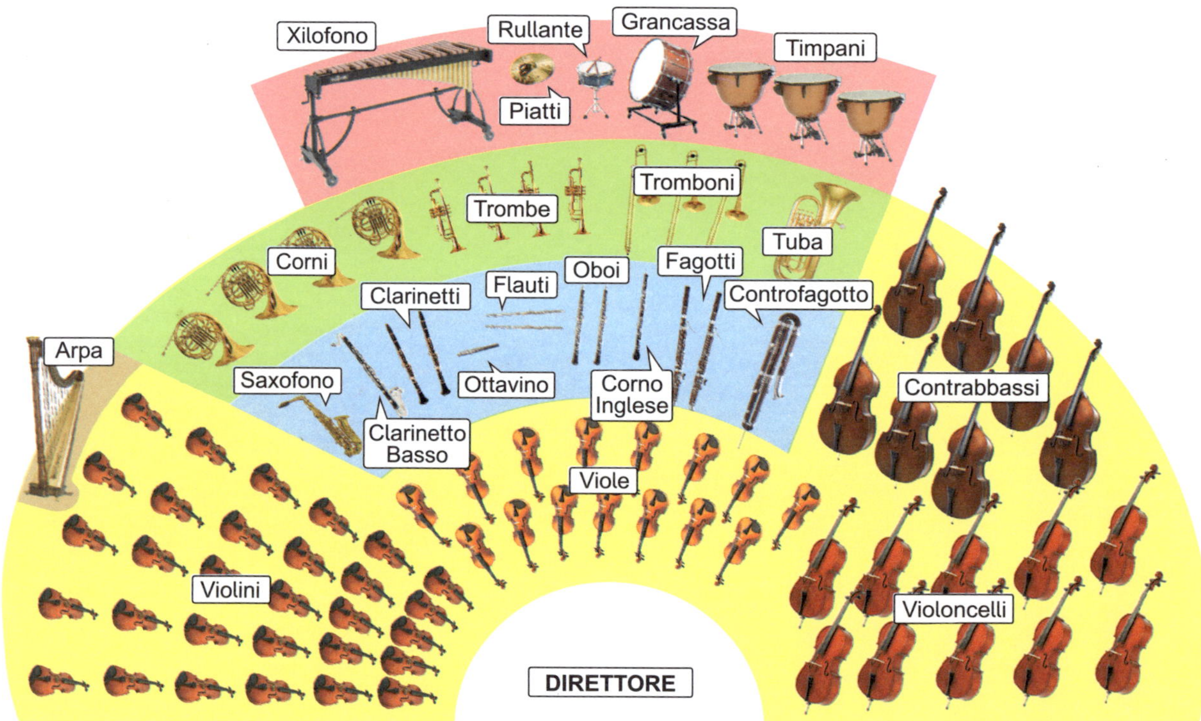

Ascoltiamo un brano che il compositore inglese Benjamin Britten, ha appositamente composto per invitare i giovani a conoscere il suono dei quattro settori orchestrali.

ASCOLTO: *Guida del giovane all'orchestra* di Benjamin Britten

1. ORCHESTRA INTERA
2. FAMIGLIA DEI LEGNI
3. FAMIGLIA DEGLI OTTONI
4. FAMIGLIA DEGLI ARCHI
5. FAMIGLIA DELLE PERCUSSIONI
6. ORCHESTRA INTERA

Conoscimoli uno ad uno

LEGNI

Ottavino detto anche **Piccolo**
Simile al Flauto traverso ma di dimensioni più piccole, è lo strumento più agile e acuto dell'orchestra. Si suona tenendolo di traverso (come il Flauto), soffiando l'aria dentro un foro ovale che si trova trasversalmente ad una delle estremità.

Flauto traverso
È costruito normalmente in metallo. Il flautista suona soffiando nel foro d'imboccatura e azionando un numero variabile di chiavi (aperte o chiuse), che aprono e chiudono dei fori praticati nel corpo dello strumento, mutando così l'altezza dei vari suoni.

Oboe
È uno strumento a fiato ad ancia doppia ed ha un suono leggero e assai penetrante. È in genere fatto di ebano o di palissandro. I tasti e la meccanica sono in metallo. Molto usato in orchestra e nella musica da camera, oggi è presente anche in molte colonne sonore (Morricone).

Corno inglese
È uno strumento simile all'oboe. Si tratta in effetti di un oboe con il suono più grave (una quinta giusta sotto). Come l'oboe, anche il corno inglese è uno strumento difficile da suonare, per la capacità di "fiato" richiesta e per la difficoltà di mantenere una corretta imboccatura.

Clarinetto
È uno strumento ad ancia semplice che si suona soffiando nel bocchino. Il clarinettista, chiudendo e aprendo i fori dello strumento, modifica la lunghezza della colonna d'aria in modo da ottenere i diversi suoni. La campana in fondo dà ulteriore risonanza ai suoni.

Fagotto
È uno strumento a fiato ad ancia doppia e, nella famiglia dei legni, è quello con il suono più grave. Il suo nome deriva dalla forma che esso aveva in origine, simile a quella di un mantice a soffietto che immetteva l'aria in due tubi affiancati.

OTTONI

Corno
È uno strumento musicale a bocchino, come tutti gli ottoni. Nella versione moderna è costituito da un tubo lungo 3,894 metri, avvolto a spirale e terminante con una campana molto svasata. Il suono viene prodotto dalla vibrazione delle labbra appoggiate sul bocchino.

Tromba
È tra gli ottoni lo strumento più acuto. Ha un suono energico e squillante e per questo viene usato dagli eserciti di tutto il mondo per trasmettere i segnali militari.
I vari suoni si ottengono pigiando dei pistoni che modificano la lunghezza del tubo e quindi l'intonazione.

Trombone
Nella sua versione *a coulisse* (o *a tiro*) è caratterizzato da una pompa allungabile che modifica la lunghezza del percorso dell'aria e di conseguenza l'intonazione delle note. Esiste anche la versione *a pistoni*, usata soprattutto nelle bande.

Tuba
La *Tuba* (Flicorno basso grave) e il *Bassotuba* (Flicorno contrabasso) sono tra gli ottoni gli strumenti dal suono più grave, con il compito quindi di dare profondità alle varie parti orchestrali. Oltre che nell'orchestra, è molto usata nelle bande e in alcune formazioni Jazz.

ARCHI

Violino
È uno strumento musicale dotato di quattro corde intonate ad intervalli di quinta. Si può suonare sfregando l'arco sulle corde o "pizzicando" le stesse con le dita.
Si tratta dello strumento più piccolo della famiglia ed è quindi quello con il suono più acuto.

Viola
È uno strumento molto simile al Violino ma appena più grande: la sua cassa armonica ha una lunghezza variabile tra i 38 e i 44 cm, contro i 35/36 del Violino.
Rispetto a quest'ultimo, la Viola ha un timbro più profondo e meno brillante.

Violoncello
In molti definiscono il suono del Violoncello, per timbro ed espressività, quello che più assomiglia alla voce umana. Si suona da seduti tenendo lo strumento tra le gambe, poggiato su un puntale presente nella parte inferiore dello strumento e muovendo l'archetto trasversalmente.

Contrabbasso
È lo strumento che ha il suono più grave di tutti gli archi. Date le dimensioni, il suonatore di questo strumento suona normalmente in piedi o appoggiato su uno sgabello. In orchestra si suona principalmente con l'arco mentre nel Jazz si suona quasi esclusivamente pizzicando le corde.

PERCUSSIONI

Timpani
Strumenti a percussione a *suono determinato* (che emettono suoni intonati). Formati da una membrana tesa su un grande fusto chiamato "caldaia" solitamente in rame, vengono suonati con due battenti di feltro. In orchestra ce ne sono due, tre o anche di più (da cui il nome plurale).

Xilofono
È costituito da due file di barrette di legno (dal greco *xilo*: legno), una per le note naturali e l'altra per quelle alterate. Al di sotto delle barrette, ci sono dei tubi aperti chiamati risuonatori. Lo Xilofono si suona con delle mazzuole di legno ed ha un suono secco e penetrante.

Grancassa, Rullante, Piatti
Gruppo di percussioni a suono indeterminato (non riconducibili a note precise).
La Grancassa è formata da un fusto con la membrana in ambo i lati e si suona con un battente di feltro. **Il Tamburo** (o rullante) è come la Grancassa ma molto più piccolo. Inoltre, sotto la membrana inferiore si trova una cordiera di metallo che conferisce brillantezza al suono. Si suona con due bacchette di legno. **I Piatti**, battuti uno contro l'altro, producono un suono metallico che conferisce maestosità.

Altri strumenti dell'orchestra

Arpa
È uno strumento a corde pizzicate. Ne esistono vari tipi, ma con il termine Arpa, nella nostra cultura, ci si riferisce quasi sempre a quella da concerto dotata di 47 corde tese tra la cassa di risonanza e una mensola detta "modiglione", con un'estensione di 6 ottave e mezza.

Saxofono
Strumento aerofono ad ancia semplice, per la sua quantità di modelli ha dato vita ad una vera e propria famiglia. Esistono infatti sette tipi di saxofoni: Sopranino, Soprano, Contralto, Tenore, Baritono, Basso e Contrabbasso, ma in orchestra è utilizzato quasi esclusivamente il Sax Contralto.

Pianoforte
È uno strumento musicale a corde percosse mediante martelletti azionati da una tastiera. Il nome è riferito alla possibilità che lo strumento offre di suonare note a volumi diversi in base al tocco, possibilità negata invece da altri strumenti precedenti, tipo il *Clavicembalo*.

Chitarra classica
È un tipo di chitarra utilizzata per l'esecuzione di brani di musica prevalentemente classica o popolare, che prevede le corde in nylon, mentre per altri generi si utilizzano corde in metallo, così come nella chitarra elettrica. Nella musica classica si suona prevalentemente con le dita.

Uno strumento monumentale

Organo a canne
È lo strumento più imponente: il più grande del mondo si trova ad Atlantic City (U.S.A.) e possiede ben 33.112 canne e 7 tastiere. I più grandi in Italia sono nel Duomo di Milano e in quello di Messina, con circa 16.000 canne. Le canne rappresentano l'elemento sonoro e funzionano come dei flauti dolci; l'aria viene insufflata da dei mantici (anticamente manuali, ora motorizzati) e indirizzata nelle canne attraverso la tastiera. È essenzialmente uno strumento liturgico ma molti compositori (soprattutto Bach) gli hanno dedicato diverse composizioni da concerto.

6

GLI STRUMENTI DELLA MUSICA POP/ROCK

ASCOLTO: *Knockin' On Heaven's Door* di Bob Dylan

La **Chitarra acustica** usata nella musica pop si differenzia dalla classica soprattutto per le corde in metallo, che rendono il suono più brillante e voluminoso. Normalmente si suona con un plettro ma anche con le dita. Può essere usata sia come accompagnamento, sia come solista.

Esteticamente la **Chitarra elettrica** si differenzia dalla acustica per la mancanza della cassa armonica, sostituita da una tavola nella quale sono inseriti i microfoni (pick-up) e i vari circuiti elettrici. Attraverso l'uso di un amplificatore e di vari effetti elettronici, essa può produrre un'infinità di suoni.

Il **Basso elettrico** ha la stessa forma della Chitarra elettrica ma con le corde molto più spesse. Inoltre, normalmente, ha quattro corde, a volte cinque. Il Basso elettrico ha la stessa funzione del Contrabbasso nell'orchestra, cioè quello di dare profondità a tutta l'architettura sonora.

La **Batteria** è l'insieme degli strumenti a percussione: Grancassa (1), Rullante (2), Tom (3), Timpano (4), Piatti (5), Hit hat (6). La Grancassa si suona con il piede destro attraverso un pedale, l'Hit hat (due piatti che si aprono e chiudono con un pedale) si suona o col piede sinistro o con le bacchette, come tutto il resto.

Con le **Tastiere elettroniche** oggigiorno si può fare di tutto: ce ne sono che imitano il suono del Pianoforte o quello dell'Organo e addirittura alcune che possono imitare qualsiasi tipo di suono, compreso quello della Batteria o della Chitarra. Naturalmente gli strumenti veri sono altra cosa.

7 GLI STRUMENTI DELLA MUSICA JAZZ

ASCOLTO: *The Original Charleston* di J. P. Johnson

Batteria e **Contrabbasso** sono la base ritmica di qualsiasi formazione jazzistica. Il batterista in alcuni generi suona con le "spazzole" al posto delle bacchette. Il contrabbassista suona quasi sempre con le dita.

Pianoforte e **Chitarra elettrica** sono strumenti sia ritmici, sia solisti. È comunque difficile trovarli entrambi nella stessa formazione: normalmente una sezione ritmica è formata da Batteria, Contrabbasso e, alternativamente, Pianoforte o Chitarra.

Banjo e **Tuba** sostituiscono rispettivamente **Chitarra** e **Contrabbasso** nelle formazioni della prima metà del '900 e nelle *marching band*. Il **Banjo** ha una membrana sulla cassa armonica che rende il suono brillante e voluminoso.

Clarinetto, Saxofono, Tromba e **Trombone** sono gli strumenti solisti più frequenti. Possono trovarsi insieme in una stessa formazione oppure alternarsi in diversi gruppi, a seconda del genere.
Normalmente un brano Jazz inizia con l'esposizione di un tema eseguito da tutti i solisti insieme. Poi ogni strumento improvvisa una propria variazione e alla fine, di nuovo tutti insieme, rieseguono il tema.

8

GLI STRUMENTI ETNICI

ASCOLTO: *Musiche tradizionali dal mondo*

Il **Koto** e lo **Shakuhachi** sono strumenti tradizionali giapponesi. Il Koto è uno strumento a corda: ne possiede 13, accordate attraverso dei ponticelli mobili e suonate con dei plettri applicati alle dita pollice, indice e medio della mano destra. Lo **Shakuhachi** è un flauto diritto di bambù dotato di cinque fori, quattro anteriori e uno posteriore.

La **Cornamusa** è lo strumento tipico scozzese anche se in realtà è diffusa un po' ovunque. È costituita da una sacca dove viene immessa l'aria e tre o più canne, di cui una ha il suono variabile e le altre hanno un suono fisso. La **Zampogna**, diffusa nel centro e nel sud Italia, si differenzia per avere due canne a suono variabile, una per ogni mano.

Il **Didgeridoo** è un antico strumento degli aborigeni australiani ricavato da un ramo di eucalipto scavato dalle termiti. È uno strumento aerofono che si suona vibrando le labbra appoggiate sull'imboccatura e usando la respirazione "circolare", che permette di suonare senza interrompere il suono (mentre si respira col naso si spinge l'aria con le guance).

Le **Launeddas** sono uno strumento aerofono originario della Sardegna. È formato da 3 canne di diversa misura e lunghezza. La canna più lunga non ha fori e quindi fornisce una sola nota, le altre due canne sono dotate di fori: una serve per l'accompagnamento e l'altra per la melodia. Anche le Launeddas si suonano con la respirazione "circolare".

Il **Balafon** è uno strumento idiofono, simile allo Xilofono, caratteristico dell'Africa Occidentale e Centrale. È formato da una struttura di legno in cui vengono posizionate un certo numero di piastre di legno di diversa grandezza. Sotto, vengono applicate delle zucche secche che fungono da risuonatori. Si suona con dei mazzuoli di legno.

Il **Sitar** e la **Tabla** sono strumenti tradizionali indiani. Il **Sitar** è uno strumento cordofono formato da una lunga tastiera e una mezza zucca che funge da cassa armonica. Possiede 20 corde di cui 7 vengono suonate con un plettro e le altre vibrano per simpatia *. La **Tabla** è un membranofono normalmente suonato in coppia, per ottenere diverse sonorità.

Il **Charango** è una specie di piccola chitarra diffusa soprattutto nei paesi andini del Sudamerica. Possiede 5 corde doppie e la sua cassa armonica era anticamente ricavata dalla corazza di un armadillo. Il **Flauto di Pan** è forse lo strumento più antico di tutti. Costituito da un insieme di canne di diversa lunghezza, è anch'esso molto diffuso nei paesi andini.

L'**Endingidi** è uno strumento cordofono ad arco originario dell'Uganda. È costituito da una barra di legno incastrata su una specie di tamburo di legno che funge da cassa armonica e con in cima un tirante che tiene tesa l'unica corda di cui è dotato questo strumento. Il suonatore pigiando la corda verso la barra ne varia la tensione e quindi il suono.

Il **Bandoneon** è uno strumento aerofono a mantice tipico dell'Argentina anche se l'inventore fu, a metà '800, un tedesco. È simile alla Fisarmonica ma con la particolarità che su alcuni modelli ad ogni tasto corrispondono due note, una aprendo il mantice e l'altra chiudendolo. È lo strumento fondamentale del *Tango*, la danza popolare argentina.

L'**Ud** o **Liuto arabo** è uno strumento cordofono a pizzico diffuso in tutto il mondo arabo-islamico, dal Marocco all'Iraq. Ha una grande cassa armonica su cui vengono incisi 3 fori, uno centrale e altri 2 laterali più piccoli, su cui è incastrato il manico (liscio e senza tasti) che termina con un cavigliere rivolto all'indietro. Possiede da 5 a 7 corde doppie.

* Due corpi sonori vicini che emettono lo stesso numero di vibrazioni al secondo, suonano entrambi anche se è solo uno ad essere stimolato. In questo caso si dice che il corpo sonoro non stimolato "vibra per simpatia".

MOVIMENTO

9

L'ORCHESTRA IN PLAYBACK

10

DANZARE
GLI ELEMENTI DELLA MUSICA:
MELODIA - ARMONIA - RITMO

11

LA DANZA NELLA STORIA: DAL MINUETTO ALL' HIP HOP

MINUETTO

VALZER

POLKA

TARANTELLA

FOX-TROT

ROCK AND ROLL

DISCO MUSIC

HIP HOP

SUONARE

12 LEGGERE LA MUSICA

LETTURA 1 Scandire a tempo le note pronunciando TA e rimanendo in silenzio durante le pause.

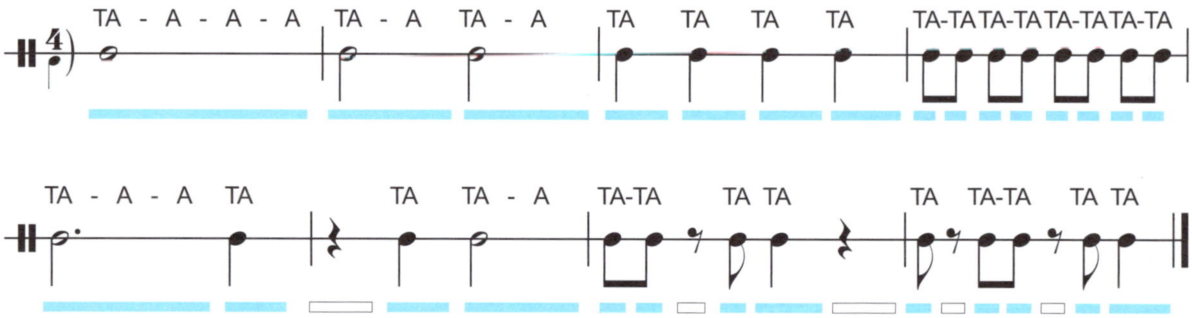

LETTURA 2 Mentre un alunno a turno scandisce le pulsazioni con un tamburello (o battito di mani), la classe legge le note a tempo.

LETTURA 3 Stessa modalità della lettura precedente.

LETTURA 4 Continuare allo stesso modo.

LETTURA 5

LETTURA 6

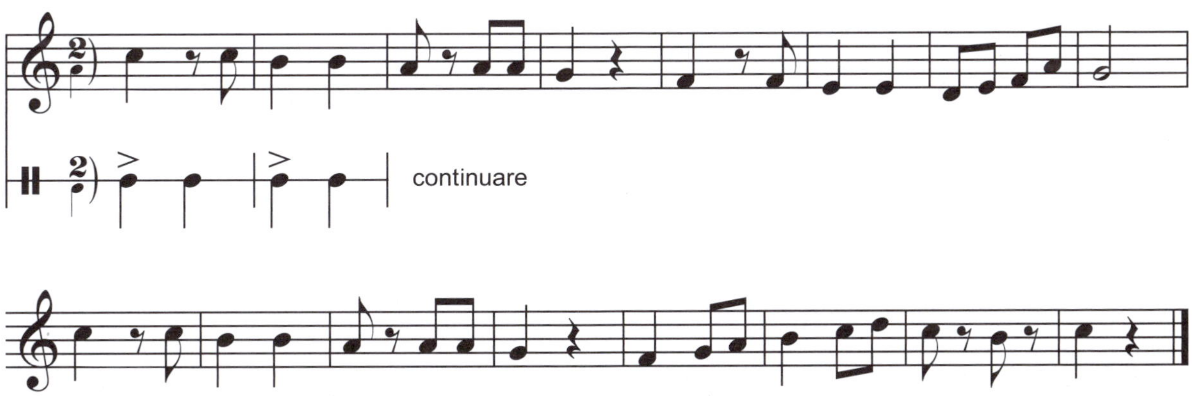

13 LA MELODICA

La Melodica (o Diamonica, o Clavietta) è composta da una tastiera e un tubo di plastica in cui soffiare. La tastiera è simile a quella di una fisarmonica ed è normalmente composta da 32 tasti (19 bianchi e 13 neri).
Mentre i tasti bianchi sono sistemati uno vicino all'altro senza lasciare spazi vuoti, quelli neri sono invece sistemati a gruppetti di due e di tre. Questo ti aiuterà ad individuare le varie note a partire da DO che si trova alla sinistra dei due tasti neri.
Si può suonare sia con la sola mano destra che con tutte e due le mani, riuscendo a fare contemporaneamente sia la melodia che l'accompagnamento.

Come si tiene...

La Melodica si può tenere in due modi: soffiando direttamente nell'imboccatura e reggendola con la mano sinistra mentre con la mano destra si suona; oppure applicando all'imboccatura il tubicino in dotazione e sistemando lo strumento sul banco o sulle ginocchia. In questo secondo caso si può suonare con tutte e due le mani.

Noi consigliamo questa seconda posizione perché permette di suonare con tutte e due le mani.

Come si suona...

Per il momento useremo la sola mano destra. Appoggiare quindi le dita della mano destra sulla tastiera tenendole rotonde e posizionando un dito su ogni tasto: ad esempio, con il **pollice** sul **DO**, l'**indice** dovrà stare sul **RE**, il **medio** sul **MI**, l'**anulare** sul **FA** e il **mignolo** sul **SOL**.

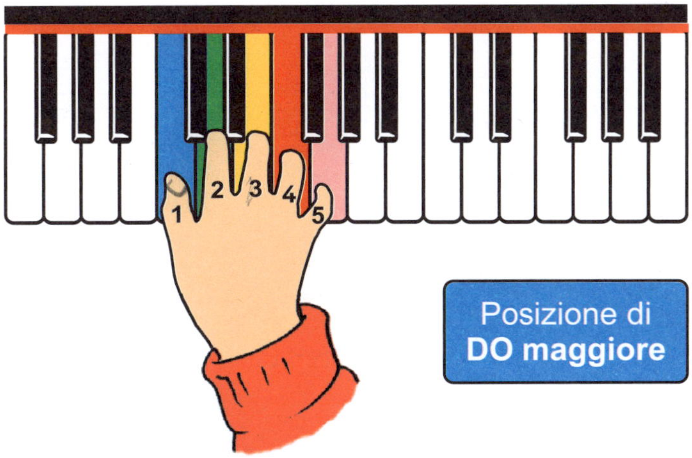

Per semplificare, indicheremo le dita della mano destra con i numeri da 1 a 5. Questi numeri li ritroverai scritti vicino alle note che dovrai suonare e ti indicheranno il dito da usare.

PROVA PRATICA

Eseguire le note a tempo ripetendo gli esercizi più volte, prima lentamente poi sempre più veloce.

1

2

14 HEY YAMBA WINDA OH

Hey yam-ba win-da oh! Hey yam-ba win-da oh! Hey yam-ba win-da oh,
Coro
ba win-da oh! Hey yam-ba win-da oh! Hey yam-ba win-da oh!
Hey yam-ba win-da oh, win - da oh! Hey yam-ba win-da oh, win - da oh!
rall.
rall.
rall.
rall.

15 AGGIUNGO LA NOTA DO

Flauto dolce

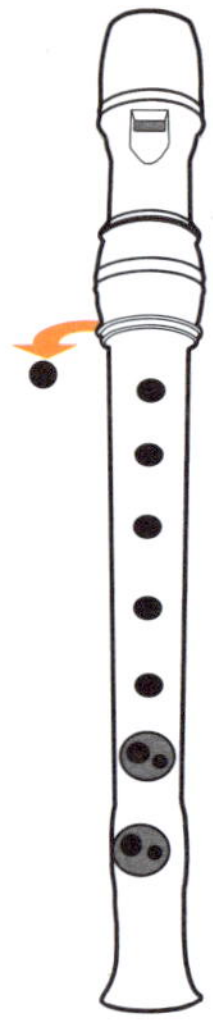

Fori tutti chiusi

PROVA PRATICA

Eseguire le note a tempo con il Flauto dolce ripetendo l'esercizio fino a raggiungere la massima sicurezza nella posizione di DO.

Melodica

Cinque note a partire da SOL

Posizione di **SOL maggiore**

PROVA PRATICA

Eseguire le note a tempo.

UMUNTU

Prima di iniziare contare 1 misura

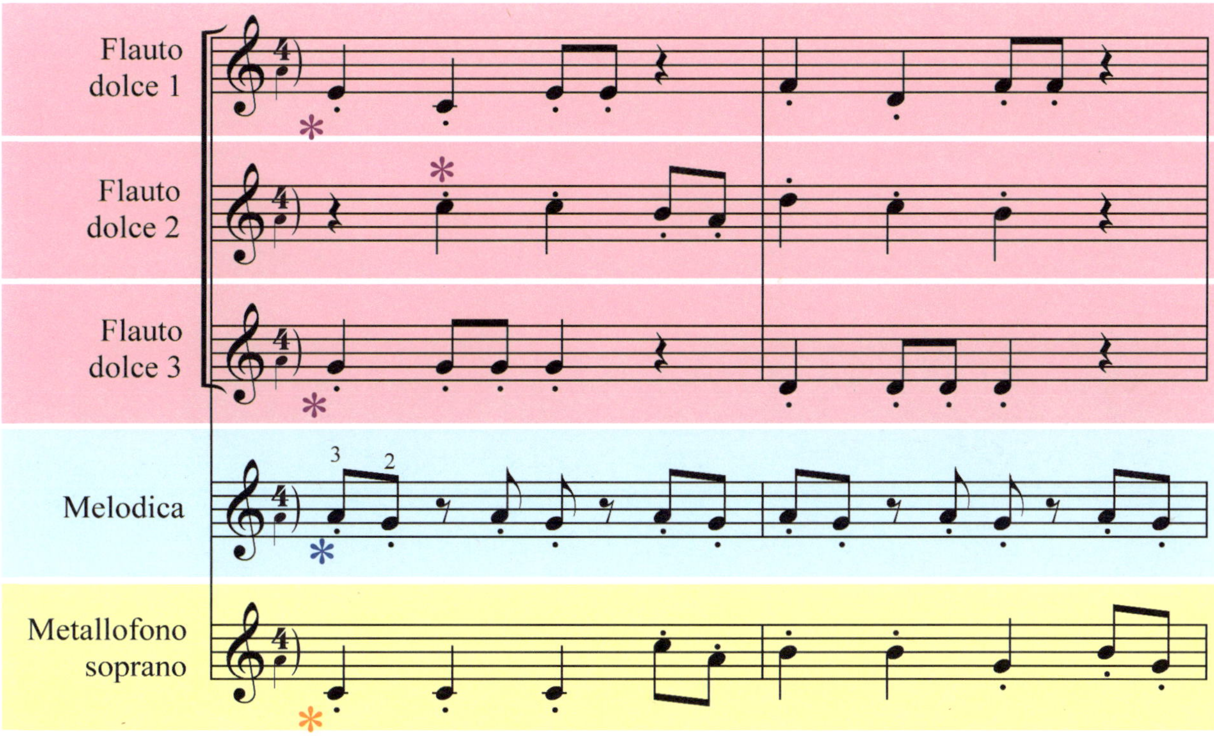

* Il punto sopra o sotto le note indica di suonare le stesse brevi e staccate

16 LA SEMIMINIMA CON IL PUNTO

Sappiamo che **il punto aumenta la durata della nota della metà del suo valore**.
Quindi, aumentando della metà il valore della Semiminima, avremo:

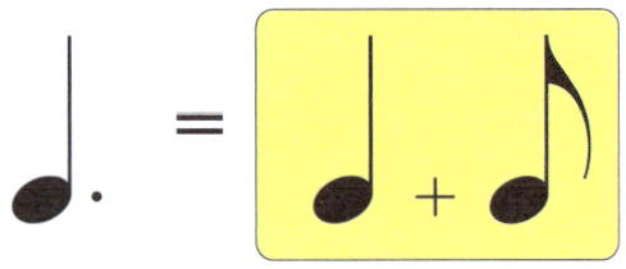

una durata corrispondente a **Semiminima + Croma**, cioè una **pulsazione e mezzo**.

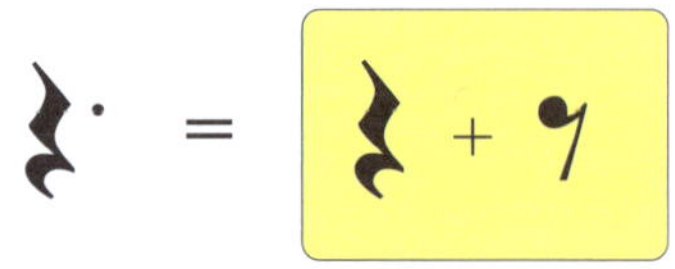

Melodica **Spostamento della mano durante il brano**

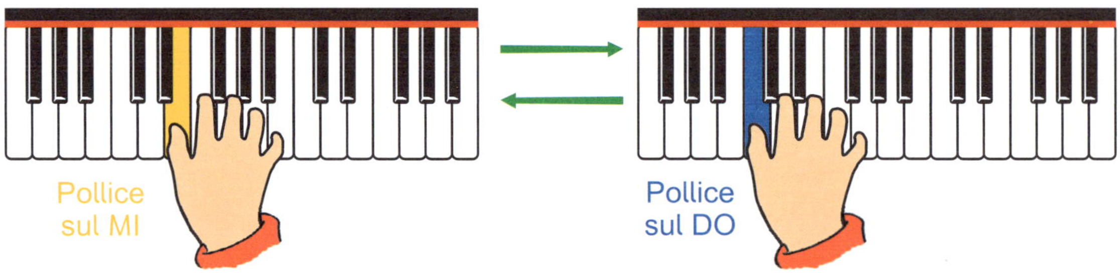

FRATELLO SOLE SORELLA LUNA

Prima di iniziare contare 4 misure di pausa

Mistico ♩ = *100*

Per finire *rallentando* **FINE**

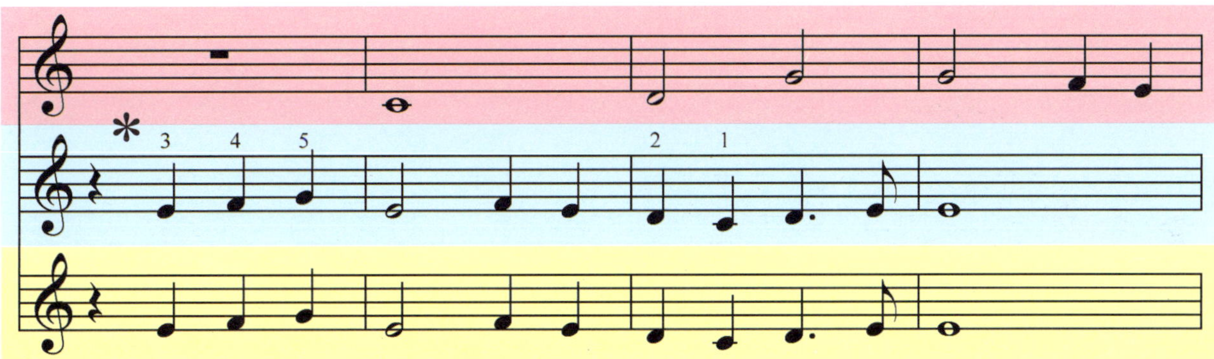

Per finire ripetere da Capo al **FINE**

* Cambio di posizione

Nel CD il Flauto dolce prima suona da solo poi, quando si riprende da Capo, suona in gruppo.

17

LA LEGATURA DI VALORE

Più figure diventano un unico suono

La legatura è una specie di archetto che unisce due o più note in un unico suono.
La durata del suono risultante sarà data dalla somma dei valori delle singole note.

2 + mezza puls. = 2 pulsazioni e mezzo

4 + 1 = 5 pulsazioni

PROVA DI LETTURA

Leggere le note a tempo.

Melodica — Allargamento delle dita

PROVA PRATICA

1

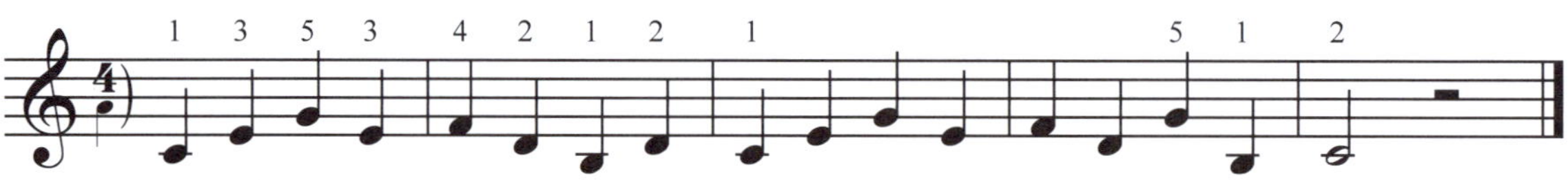

2

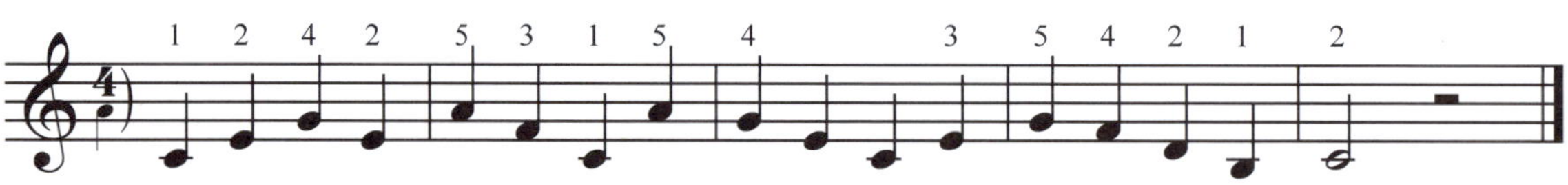

3

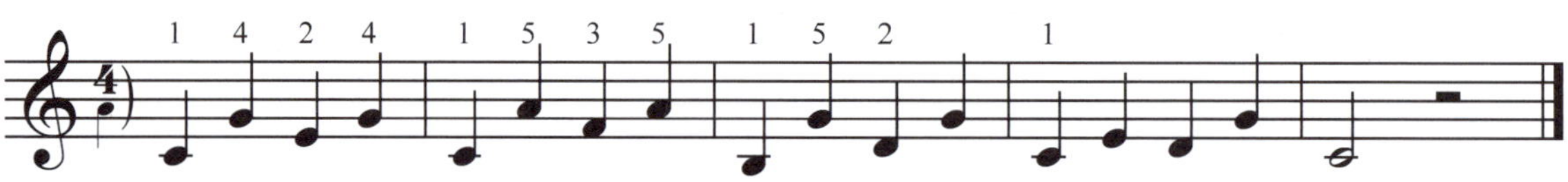

4

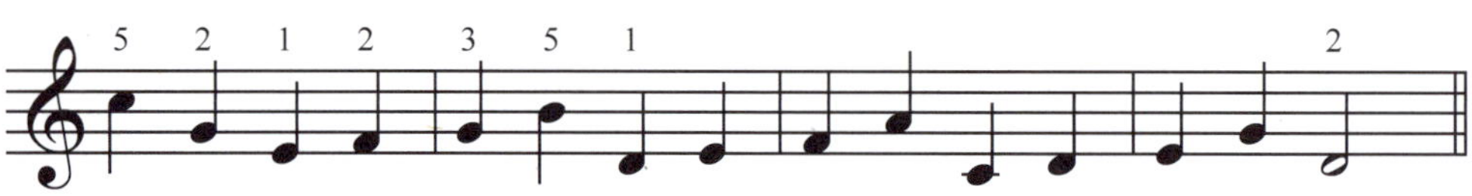

Da Capo al **FINE**

RICORDI D'IRLANDA

Prima di iniziare contare 2 misure

18 TASTI BIANCHI E NERI

Le alterazioni

Osservando la tastiera della Melodica o di un Pianoforte ti sarai spesso chiesto perché i tasti neri non sono consecutivi come quelli bianchi, ma disposti a gruppetti di due e di tre, lasciando un vuoto fra le note MI-FA e SI-DO.

La distanza tra le note **MI-FA** e le note **SI-DO** è di un **SEMITONO**, cioè l'intervallo più piccolo che, nel nostro sistema musicale, può intercorrere tra due suoni, mentre tra **DO-RE**, **RE-MI**, **FA-SOL**, **SOL-LA** e **LA-SI**, la distanza è di un **TONO**.

Essendo il TONO divisibile in due SEMITONI, fra quelle note distanti un TONO c'è posto per altre note intermedie, rappresentate dai tasti neri, mentre tra le note distanti un SEMITONO non ci può essere il tasto nero perché il **SEMITONO non è divisibile**.

T = Tono
S = Semitono

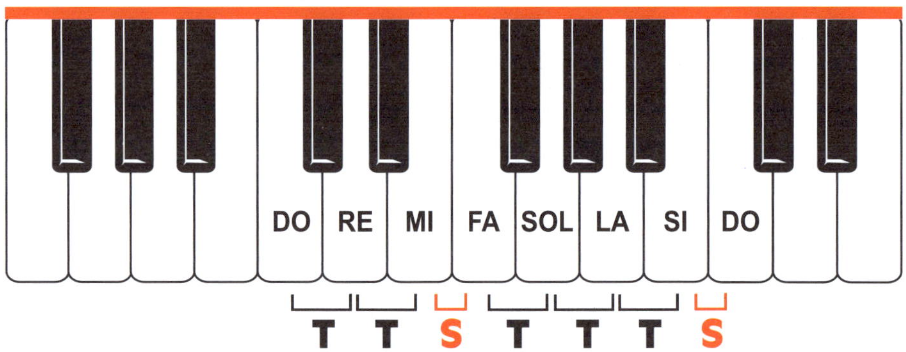

I tasti neri sono identificati con dei segni chiamati **alterazioni** che alzano o abbassano l'altezza dei suoni.

il diesis

il bemolle

il bequadro
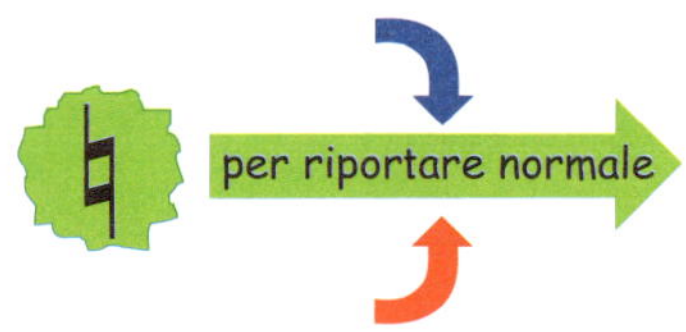

Così, alzando di un semitono tutte le note distanti un tono dalla successiva, avremo:

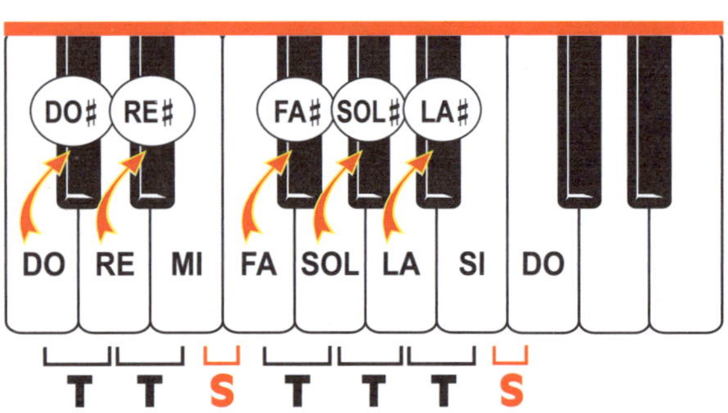

Abbassando invece di un semitono tutte le note distanti un tono avremo:

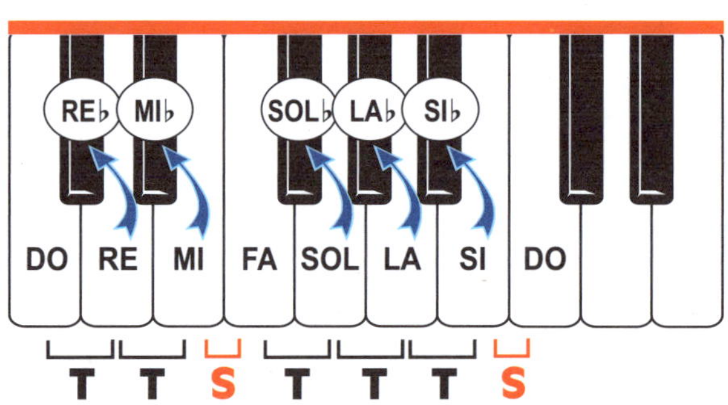

DUE NOMI PER UN SOLO SUONO

Suoni omofoni

L'uso delle note alterate determina che ogni tasto nero può avere due nomi anche se rappresenta realmente un solo suono.
Ad esempio, alzando il Do di un semitono avremo Do♯, cioè il tasto nero che si trova fra Do e Re; abbassando il Re di un semitono avremo Re♭, cioè lo stesso tasto nero. In questo caso i due suoni si chiamano **omofoni**.

A COSA SERVONO LE ALTERAZIONI?

Servono a mantenere costante il rapporto di distanza fra i suoni della scala.
Proviamo a suonare, ad esempio, le prime note del famoso motivetto *Fra' Martino* e analizziamo le distanze fra le prime note di ogni frase della melodia:

Ora se proviamo a suonare lo stesso motivo partendo dalla nota Re, ci accorgiamo che qualcosa non va nell'intonazione. Infatti, se andiamo ad analizzare le distanze ci accorgiamo che non sono le stesse di prima.

Quindi, per poter suonare *Fra' Martino* partendo da Re, invece che da Do, dovremo fare in modo che le distanze fra le note della melodia rimangano le stesse. Perché ciò avvenga dobbiamo alzare di un semitono la nota Fa.

In questo modo la melodia ritorna perfettamente intonata come se partissimo da Do.

Per semplificare la scrittura invece di mettere il diesis vicino ad ogni nota Fa, lo metteremo all'inizio di ogni pentagramma, a ricordarci che ogni Fa che incontreremo nella melodia dovrà essere innalzato di un semitono, a meno che non intervenga un bequadro ad annullare momentaneamente l'effetto del diesis.

19

SUONARE CON IL FA DIESIS

Flauto dolce

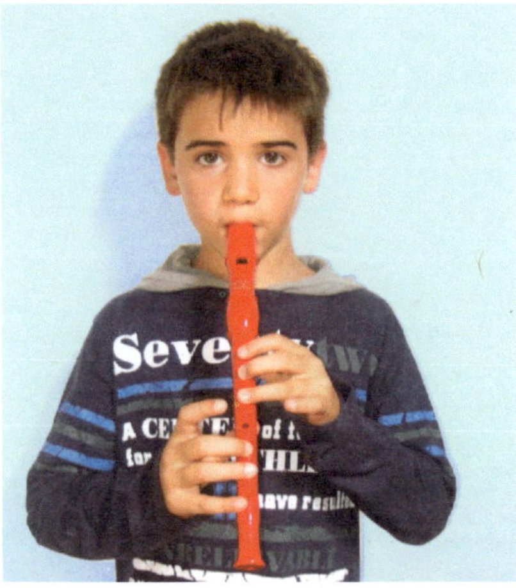

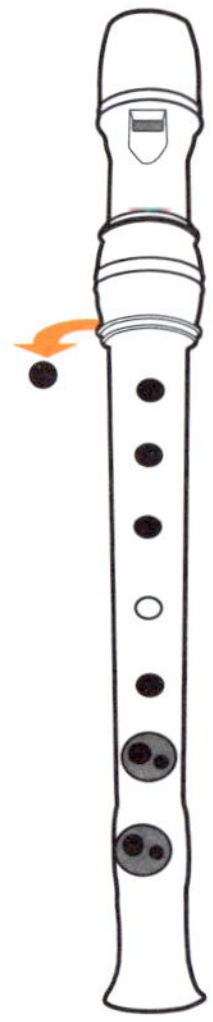

Partendo da Do, tutto chiuso, togliere l'indice della mano destra

PROVA PRATICA

Eseguire le note a tempo con il Flauto dolce ripetendo l'esercizio fino a raggiungere la massima sicurezza nella posizione di Fa diesis.

Tutti i Fa dovranno essere diesis

Melodica

Eseguire le note con la Melodica tenendo sempre le dita rotonde.

HERE'S TO YOU

Allegretto ♩ = *104*

Flauto dolce
Melodica
Flauto dolce
Melodica
Metallofono
II volta rallentando
5 4 2 3 5 3 2 1

20 SUONARE CON IL SI BEMOLLE

Flauto dolce

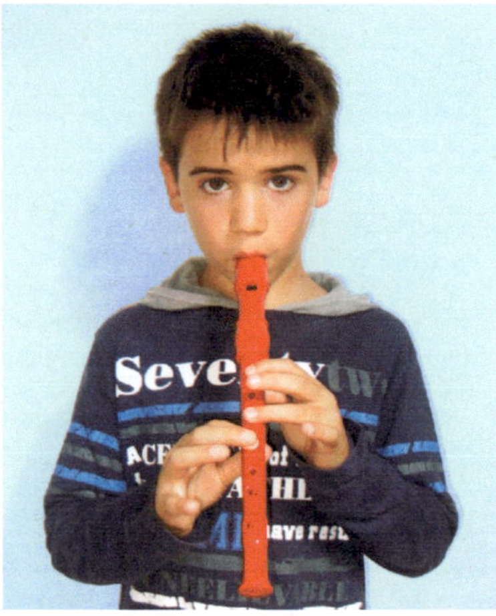

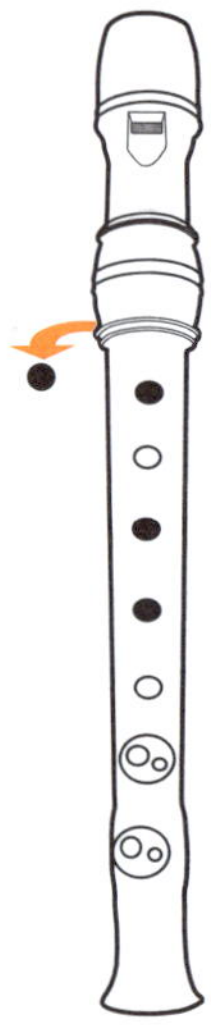

Partendo da Fa, togliere il medio della mano sinistra

PROVA PRATICA

Eseguire le note a tempo con il Flauto dolce ripetendo l'esercizio fino a raggiungere la massima sicurezza nella posizione di Si bemolle.

Tutti i Si dovranno essere bemolle

Melodica

Eseguire le note con la Melodica tenendo sempre le dita rotonde.

Melodica

Esercizio per l'allargamento delle dita. Eseguire le note mantenendo il più possibile la mano composta.

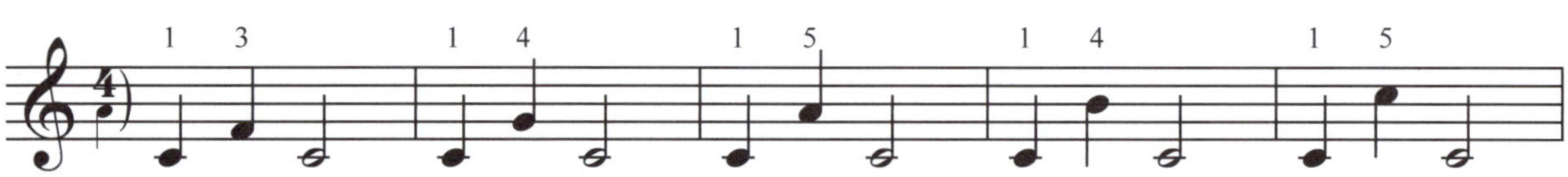

PLAISIR D'AMOUR

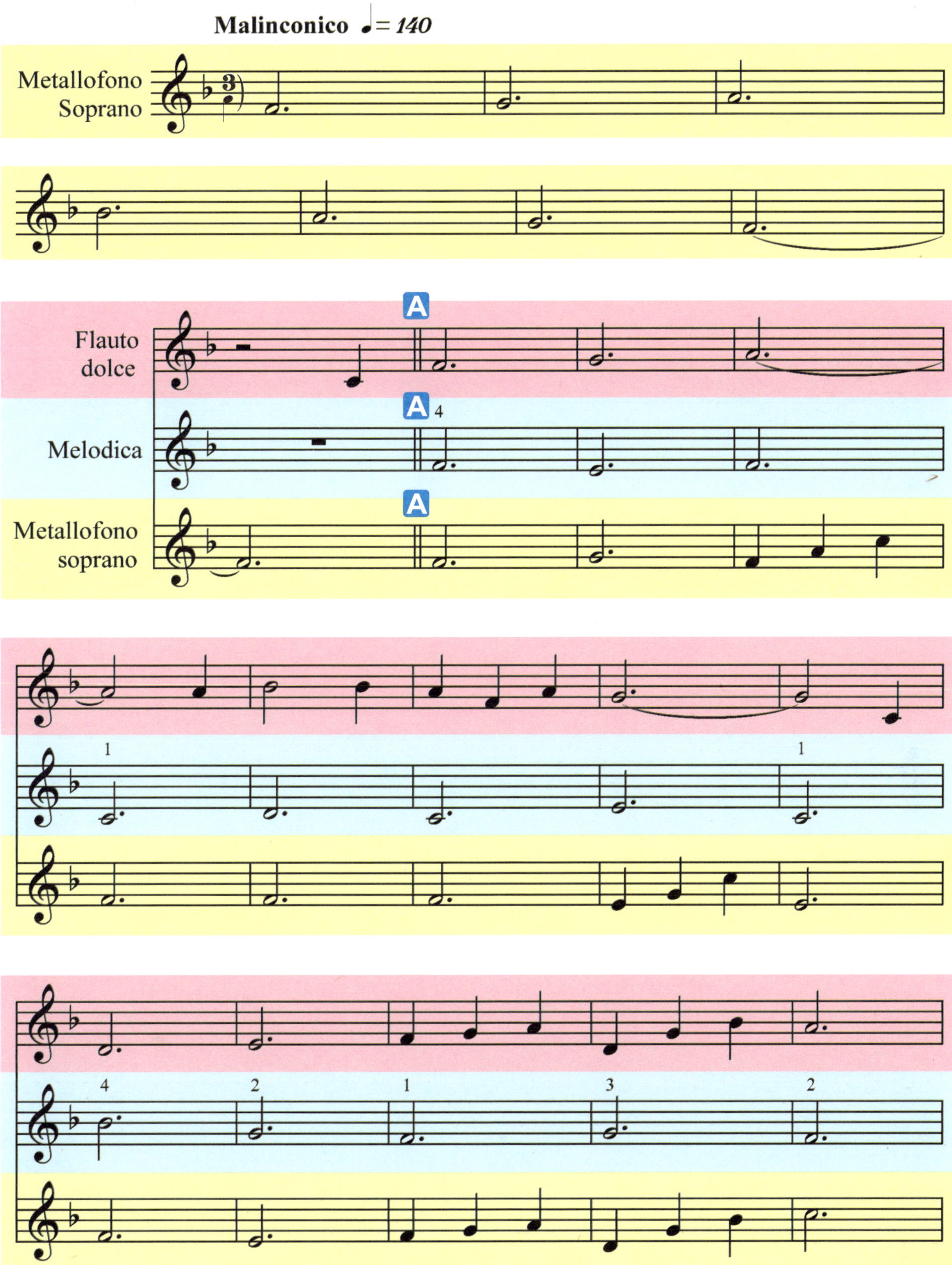

★ Il bequadro annulla l'effetto dell'alterazione, quindi solo per quella misura il Si sarà naturale.

☆ Si tratta di un diesis transitorio e vale solo per il Do di quella misura.

PARLARE

21 LA CARTA DEI DIRITTI UMANI

art. 1 Tutti gli esseri umani nascono liberi ed eguali in dignità e diritti. Essi sono dotati di ragione e di coscienza e devono agire gli uni verso gli altri in spirito di fratellanza.

art. 2 Ad ogni individuo spettano tutti i diritti e tutte le libertà senza distinzione alcuna, per ragioni di razza, di colore, di sesso, di lingua, di religione, di opinione politica o di altro genere, di origine nazionale o sociale, di ricchezza, di nascita o di altra condizione.

art. 3 Ogni individuo ha diritto alla vita, alla libertà e alla sicurezza della propria persona.

La **Giornata Mondiale dei Diritti Umani** si celebra in tutto il mondo il **10 dicembre** di ogni anno. La data è stata scelta per ricordare la proclamazione della **Dichiarazione universale dei diritti umani**, avvenuta il 10 dicembre 1948.

22

CYRANO DE BERGERAC

di Edmond Rostand

Voi... Voi... avete un naso molto... grande!

Potevi dirmi in tono **Aggressivo**: - Se avessi un tale naso, immediatamente me lo farei tagliare!

Amichevole: - Quando bevete, il naso deve pescare nel bicchiere; trovatevi un qualche vaso adatto!

Descrittivo: - È una roccia!... è un monte!... un capo... anzi... è una penisola, parola d'onore!

Curioso: - A che serve quest'affare, o signore? forse da scrivania, o da portagioelli?

Vezzoso: - Amate dunque a tal punto gli uccelli che vi preoccupate con amore paterno di offrire alle lor piccole zampe un così degno sostegno?

Truculento: - Ehi, messere, quando nello starnuto il vapor del tabacco vi esce da un tale imbuto, non gridano i vicini al fuoco del camino?

Tenero: - Provvedetelo di un piccolo ombrellino, perché il suo bel colore non se ne vada al sole!

Arrogante: - Ohi, compare, a che serve quel puntello? Si può benissimo sospendervi il cappello!

Enfatico: - Nessun vento, o naso magistrale, potrà infreddarti tutto, eccetto il maestrale!

Drammatico: - È il mar rosso, quando ha l'emorragia!

Ammirativo: - Oh, insegna di gran profumeria!

Lirico: È una conca? Siete un genio del mare?

Semplice: - Il monumento si potrà visitare?

Rustico: - Ohè, corbezzoli! Dàgli, dàgli al nasino! È un cavolo gigante o un piccolo cocomero?

Militare: - Puntate contro cavalleria!

Pratico: - Lo vorreste mettere in lotteria? Sarebbe il primo premio!

O infine tra i **Singhiozzi**: - Eccolo, l'esecrando naso che distrusse la bellezza del suo gentil signore! Ora arrossisce, guardatelo, il traditore!

23

L'INFINITO

di Giacomo Leopardi

Sempre caro mi fu quest'ermo colle,
e questa siepe che da tanta parte
dell'ultimo orizzonte il guardo esclude.
Ma sedendo e mirando, interminati
Spazi di là da quella, e sovrumani
Silenzi, e profondissima quiete
Io nel pensier mi fingo, ove per poco
Il cor non si spaura. E come il vento
odo stormir tra queste piante io quello
Infinito silenzio a questa voce
Vo' comparando: e mi sovvien l'eterno,
e le morte stagioni e la presente
e viva e il suon di lei. Così tra questa
Immensità s'annega il pensier mio:
e il naufragar m'è dolce in questo mare.

Interpreta con un disegno la tua idea di INFINITO

CANTARE

24 CANTARE GLI INTERVALLI

Durante queste attività consigliamo di tenere sempre presente la disposizione dei tasti della Melodica, che qui riportiamo:

T = Tono
S = Semitono

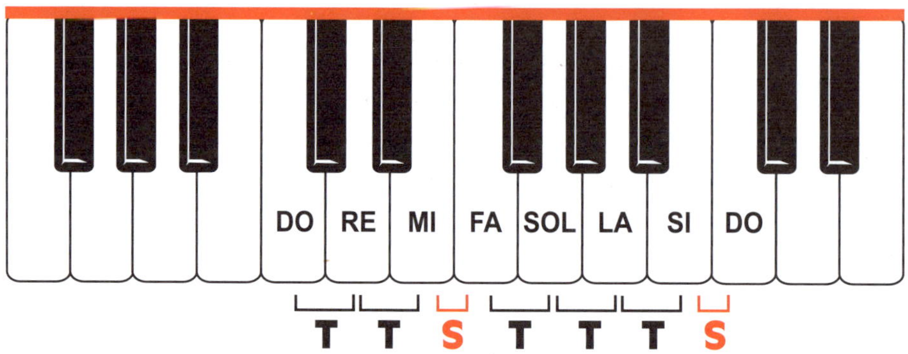

Gli intervalli possono essere di più specie: quelli di **seconda**, di **terza**, di **sesta** e di **settima** possono essere **maggiori** o **minori**. Gli **intervalli di terza** sono maggiori quando la distanza fra i due suoni è di **2 toni**; sono invece minori quando la distanza è di **1 tono + 1 semitono** (un tono e mezzo). Ad esempio, osservando la tastiera in alto possiamo notare che Do-Mi è un intervallo di terza maggiore, mentre Re-Fa è di terza minore.

Per trasformare un intervallo di terza maggiore in minore dovremo quindi abbassare la seconda nota di un semitono.

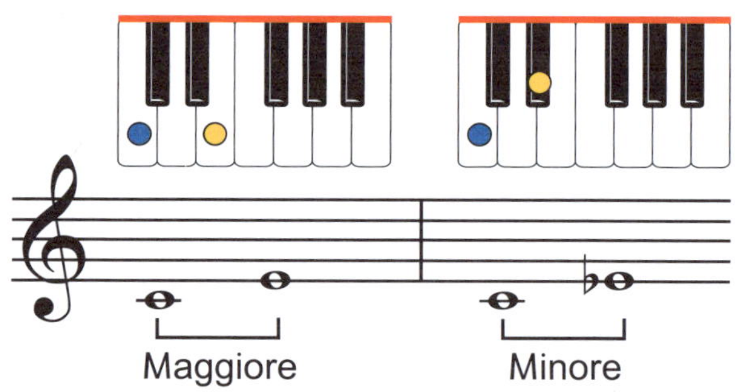

Intervalli di terza maggiore e minore

1

★ In questo caso il bemolle vale solo per la misura in cui si trova

TEST

Nel brano che hai cantato, considerando sia gli intervalli ascendenti, sia quelli discendenti, collega con una linea rossa tutti quelli maggiori e con una linea azzurra tutti quelli minori. Quanti sono gli intervalli maggiori? ______ E quelli minori? ______

Gli intervalli di **quarta**, di **quinta** e di **ottava** si chiamano **intervalli giusti.** Anch'essi possono essere allargati (intervallo **aumentato**) o stretti (intervallo **diminuito**) ma per il momento li affrontiamo solo come **intervalli giusti**.

Intervallo di quarta

L'intervallo di **quarta giusta** è formato da due note distanti fra loro **2 toni e mezzo**.

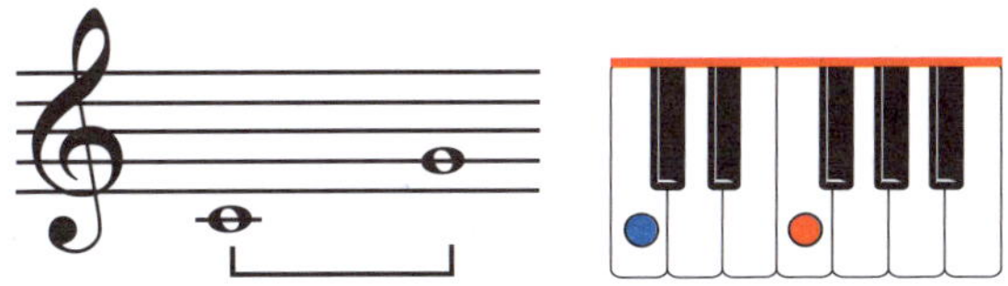

Quarta giusta

(2)

Intervallo di quinta

L'intervallo di **quinta giusta** è formato da due note distanti fra loro **3 toni e mezzo**.

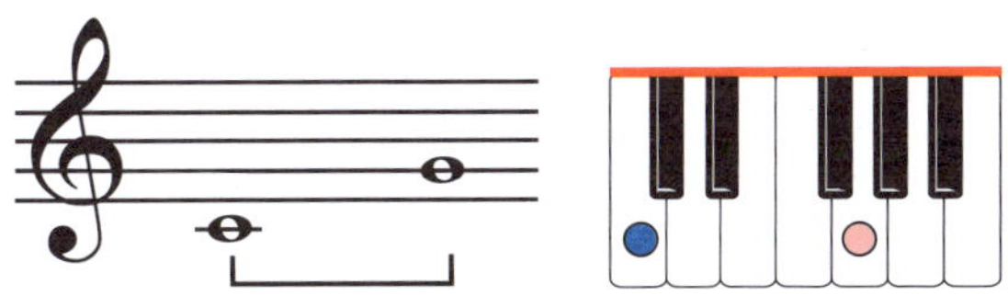

Quinta giusta

(3)

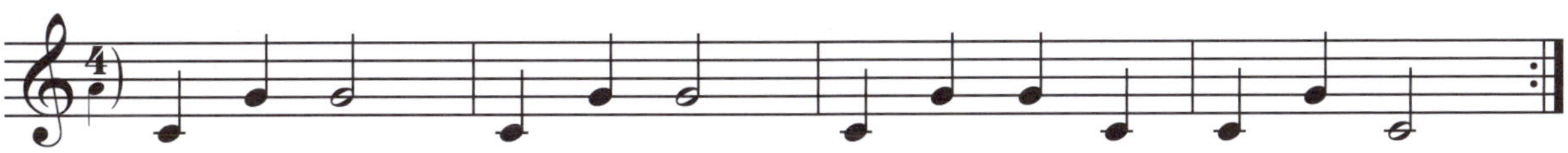

Intervalli di sesta maggiore e minore

Nell'intervallo di sesta maggiore la distanza fra le due note è di **4 toni e mezzo** mentre in quello di terza minore è di **3 toni**. Per trasformare un intervallo di sesta maggiore in sesta minore dovremo abbassare la seconda nota di un semitono.

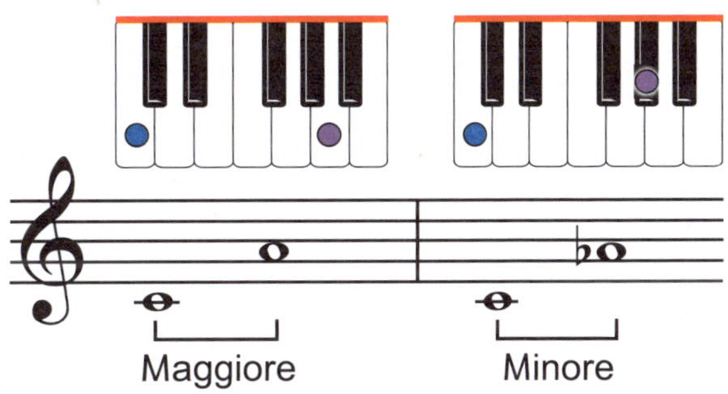

(4)

Considerando gli intervalli sia ascendenti, sia discendenti, collega con una linea rossa quelli maggiori e con una linea azzurra quelli minori.

Intervallo di ottava e di settima maggiore e minore

L'intervallo di **ottava giusta** è formato da due note distanti **6 toni**.
Nell'intervallo di **settima maggiore** la distanza fra le due note è di **5 toni e mezzo** mentre in quello di **settima minore** è di **5 toni**. Per trasformare un intervallo di settima maggiore in settima minore dovremo abbassare la seconda nota di un semitono.

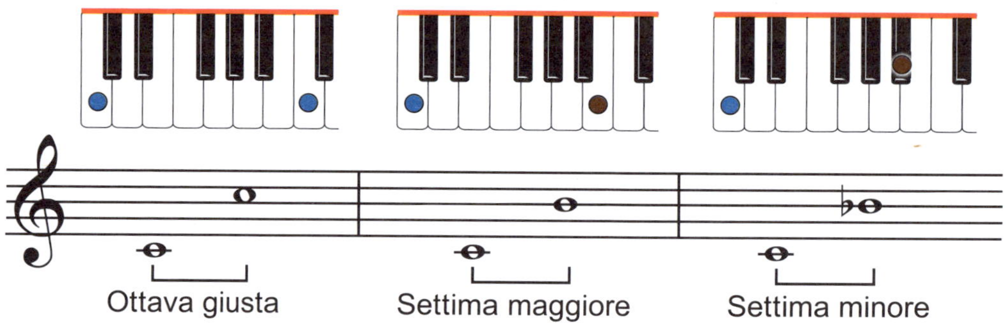

Riepilogo degli intervalli

ALL INTERVALS

25 CANTARE L'ACCORDO DI DO MAGGIORE E MINORE

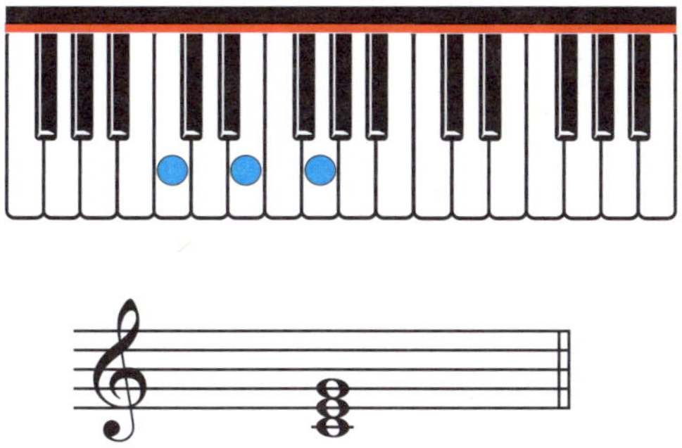

Do maggiore

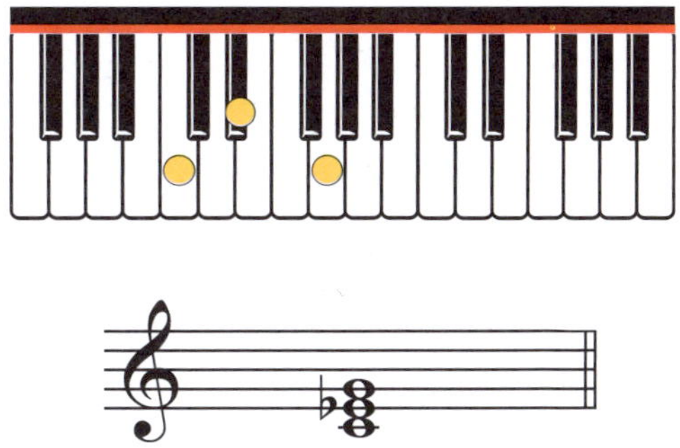

Do minore

Prima tutti insieme poi divisi in 3 gruppi

26 CANTARE IN MAGGIORE O IN MINORE

ECCOMI QUA

Eccomi qua trallalà
canto la felicità.
Sempre su forza dai
e spariscon tutti i guai!

Ora però sono giù,
giù di tono sempre più.
Canto ma sento che
qualche nota triste c'è!

MAGGIORE

MINORE

27

CONTO LE STELLE

A
Conto le stelle: son tanti milioni
le stelle, le stelle, le stelle nel cielo.
Ogni stella è una luce
che ci accompagna nel cammino della vita.

B
Ogni stella è una luce
che ci accompagna nel cammino della vita.
Conto le stelle: son tanti milioni
le stelle, le stelle, le stelle nel cielo.

Analizzare e scrivere con una matita colorata tutti gli intervalli
(M = maggiore / m = minore / G = giusto)

28 CANTARE A CAPPELLA

FILASTROCCA POPOLARE

1ª Strofa

Filastrocca, filastrocca
con il canto sulla bocca!
Filastrocca, filastrocca
con il canto sulla bocca!
Canta l'alba con l'aurora,
canta il bimbo nella scuola,
canta il sole del mattino,
(canta il fuoco nel camin.)
e il fuoco nel camin.*

2ª Strofa

Filastrocca, filastrocca
con il canto sulla bocca!
Filastrocca, filastrocca
con il canto sulla bocca!
Canta il grillo e la cicala
dentro l'abito di gala.
Canta il gallo e la gallina
(cantan tutti in compagnia.)
tutti in compagnia.

3ª Strofa

Filastrocca, filastrocca
con il canto sulla bocca!
Filastrocca, filastrocca
con il canto sulla bocca!
Canta l'acqua alla fontana
e la pecora montana.
Canta e ride tutto il mondo
(in quest'allegro girotondo.)
in questo girotondo.

*) Per i contralti, sostituire il testo fra parentesi con quello in rosso.

29

LA PULCE D'ACQUA

Testo di Angelo e Luisa Branduardi - Musica di Angelo Branduardi

È la pulce d'acqua
che l'ombra ti rubò
e tu ora sei malato
e la mosca d'autunno
che hai schiacciato
non ti perdonerà.
Sull'acqua del ruscello
forse tu troppo ti sei chinato,
tu chiami la tua ombra,
ma lei non ritornerà.

Orchestra

È la pulce d'acqua
che l'ombra ti rubò
e tu ora sei malato
e la serpe verde
che hai schiacciato
non ti perdonerà.
E allora devi a lungo cantare
per farti perdonare
e la pulce d'acqua che lo sa
l'ombra ti renderà.

Tian tan ti a ti ta ti tan tan
Tian tan ti a ti ta ri da da
Tian tan ti a ti ta ti tan tan
Tian tan ti ra di da da.
Tian tan ti a di da da ti da da
Tian tan ti a da da ri da da da
Ti da ta da tian ta ti ra di da da.

Orchestra

Fra le credenze delle varie tribù degli indiani d'America ne esiste una che dice: la malattia può essere causata dall'individuo stesso che non ha rispettato le regole d'armonia che ogni uomo deve saper mantenere con l'intero mondo, con tutta la natura.
Nella leggenda della Pulce d'acqua si narra di un uomo che non ha rispettato una di queste regole, provocando così uno spirito maligno in grado di punirlo con una malattia, un dolore o, ancor di più, facendogli perdere la sua stessa ombra. Precisamente quest'uomo poco saggio avrebbe fatto domande inopportune e/o ascoltato ciò che non doveva, e per questo viene punito dalla Pulce d'acqua che gli ruba l'ombra, elemento indispensabile per il mantenimento della propria identità e salute. Ora l'uomo è malato e la Civetta porta notizia di ciò al Falco, il rapace che può volare così in alto sino a raggiungere il Grande Spirito che, prima dell'alba, indicherà, all'uomo o alla donna di medicina, cosa fare per riportare l'ombra al malato e fargli riprendere il suo giusto equilibrio attraverso una serie di rituali definiti *Canti terapeutici*.

30

CANTARE I MITI

ARACNE

Solo 1 Io sono Aracne,
la giovane tessitrice.
Son più brava di te Athena!
E per questo voglio sfidarti!

Solo 2 Io sono Athena!
Son figlia di Zeus Dio d'Olimpo
ma se mi sfiderai prometto
il tuo orgoglio offenderò!

Solo 1 Io sono Aracne!
La tela mia sarà bella:
sarà bella perché al mondo
non c'è nessuno brava così!

Solo 2 Io sono Athena!
Intesserò fili speciali
stanne certa perché lo giuro
questa sfida la pagherai!

Coro Athena hai strappato la mia tela,
hai distrutto la mia vita
trasformata in questo ragno
a filare ragnatele per la vita! (2 volte)

IL MITO DI ARACNE

Giovane tessitrice di Colofòne (Lidia), che osò gareggiare con Athena poiché si riteneva superiore a lei nell'arte del ricamo. La dea accettò la sfida e in un grande arazzo rappresentò la grande maestà dei dodici dèi più importanti dell'Olimpo. La dea aggiunse ai quattro angoli della sua opera scene di mortali che erano stati puniti per la loro presunzione. Ma la giovane Aracne trascurò questo ammonimento e, in un mirabile lavoro, tessé gli amori degli dèi, dimostrando tutta la sua bravura. Athena irritata la picchiò con la spola, le lacerò la tela e la trasformò in un ragno, condannandola per tutta la vita a filare esili ragnatele.

ORFEO NO!

Orfeo No! Non ti voltar
La tua Euridice ti seguirà!
Orfeo No! Non ti voltar
Sennò Euridice all'Inferno resterà! — 2 volte

INTERMEZZO MUSICALE

Orfeo No! ti sei voltato
La tua Euridice giù nell'Ade resterà!
La tua Euridice giù nell'Ade resterà!

FINALE MUSICALE

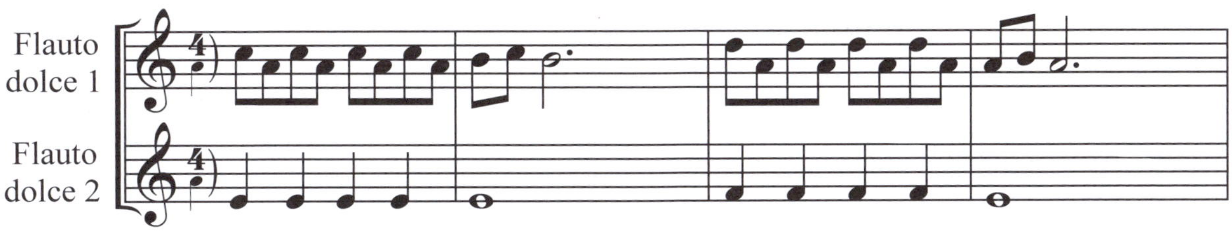

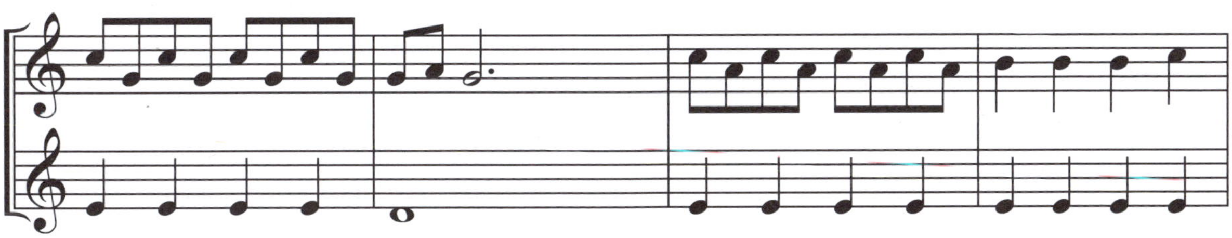

PER FINIRE

IL MITO DI ORFEO ED EURIDICE

Orfeo era un famoso cantore e musico. Euridice era la sua adorata moglie che purtroppo morì improvvisamente in seguito al morso di un serpente.

Infranto dal dolore, Orfeo decise di scendere nell'oltretomba per tentare di convincere Ade e Persèfone (gli dèi dell'oltretomba) a restituirgli Euridice.

Rapiti dal fascino del suo canto e del suono della sua lira, gli dèi accondiscesero a restituirgli Euridice ma ad una condizione: che il cantore non si voltasse indietro per guardare la moglie prima di aver lasciato il regno dei morti. Orfeo promise, ma mentre stava per vedere la luce del giorno, non udendo alcun rumore dietro di sé, gli venne il sospetto che Ade e Persèfone si fossero presi gioco di lui e si girò. A quel punto Euridice sparì e Orfeo fu costretto a tornare nel mondo dei vivi da solo.

Il mito d'Orfeo è importante per noi, perché porta in sé il grande valore che la poesia e la musica hanno nel ridestare a nuova vita gli ammalati, gli insensibili.

31 IL GIORNO DELLA MEMORIA

Recitato
Là sedevamo e piangevamo
e ai salici di quella terra
appendemmo le nostre cetre.
Là sedevamo e piangevamo.
Mi si attacchi la lingua sul palato
se lascio cadere il tuo ricordo.

Cantato
Dimenticare no!
Quelle scarpette rosse,
quel mucchio di capelli,
quel bimbo di tre anni.
Straziante l'urlo delle madri,
mentre dai camini il fumo nero
saliva lento!

Dimenticare mai!
Quei bimbi come rami,
di un albero dipinto,
nel cielo cupo e nero,
perché mai l'uomo avrà portato
al sacrificio tanta gente senza colpa, perché?

Non dimenticare
lasciaci volare,
noi siamo di fumo,
noi figli del vento. (Pianoforte)

Dimenticare no!
Quei visi spaventati
Quegli occhi spalancati
su corpi martoriati.
perché mai l'uomo avrà portato
al sacrificio tanta gente senza colpa, perché?

Non dimenticare
lasciaci volare,
siamo qui nel vento,
fumo di un camino.
Non dimenticare
lasciaci volare,
noi siamo di fumo,
noi figli del vento. (Pianoforte)

32 GIROTONDO INTORNO AL MONDO

Da una poesia di Paul Fort (Traduzione di Sergio Endrigo)
Musica di Sergio Endrigo

Se tutte le ragazze
Le ragazze del mondo
Si dessero la mano
Si dessero la mano
Allora ci sarebbe un girotondo
Intorno al mondo
Intorno al mondo

E se tutti i ragazzi
I ragazzi del mondo
Volessero una volta
Diventare marinai
Allora si farebbe un grande ponte
Con tante barche
Intorno al mare

E se tutta la gente
Si desse una mano
Se il mondo finalmente
Si desse una mano
Allora ci sarebbe un girotondo
Intorno al mondo
Intorno al mondo

Orchestra

E se tutta la gente
Si desse una mano
Se il mondo finalmente
Si desse una mano
Allora ci sarebbe un girotondo
Intorno al mondo
Intorno al mondo
Allora ci sarebbe un girotondo
Intorno al mondo
Intorno al mondo

La poesia di Paul Fort
a cui è ispirata la canzone

LA RONDE AUTOUR DU MONDE

Si toutes les filles du monde
voulaient s'donner la main,
Tout autour de la mer elles
pourraient faire une ronde.

Si tous les gars du monde
voulaient bien êtr' marins,
Ils feraient avec leurs barques
un joli pont sur l'onde.

Alors on pourrait faire
une ronde autour du monde,
Si tous les gens du monde
voulaient s'donner la main.

33

BAKU

Soprani 1

Baku Milindi Baku
Baku Milindi Boka
Baku Milindi Leku
Sona Baku Malon Bakù.

Awea.
Awea.
Awea.
Awea.

Baku Milindi Baku
Baku Milindi Boka
Baku Milindi Leku
Sona Baku Malon Bakù.

Baku Milindi Baku
Baku Milindi Boka
Baku Milindi Leku
Sona Baku Malon Bakù.
Sona Baku Malon Bakù.
Sona Baku Malon Bakù.

Awea.

Soprani 2

Baku Milindi Meleku
Sa Baku Milindi Bokà
Sona Baku Milindi Meleku
Sona Baku Malon Bakù.

Baku Milindi Meleku
Sa Baku Milindi Bokà
Sona Baku Milindi Meleku
Sona Baku Malon Bakù.

Awea.
Awea.
Awea.
Awea.

Baku Milindi Meleku
Sa Baku Milindi Bokà
Sona Baku Milindi Meleku
Sona Baku Malon Bakù.

Baku Milindi Meleku
Sa Baku Milindi Bokà
Sona Baku Milindi Meleku
Sona Baku Malon Bakù.
Sona Baku Malon Bakù.
Sona Baku Malon Bakù.

Awea.

Contralti

Baku Milindi Meleku
Sa Baku Milindi Bokà
Sona Baku Milindi Meleku
Sona Baku Malon Bakù.

Baku Milindi Meleku
Sa Baku Milindi Bokà
Sona Baku Milindi Meleku
Sona Baku Malon Bakù.

Baku Milindi Meleku
Sa Baku Milindi Bokà
Sona Baku Milindi Meleku
Sona Baku Malon Bakù.

Awea.
Awea.
Awea.
Awea.

Baku Milindi Meleku
Sa Baku Milindi Bokà
Sona Baku Milindi Meleku
Sona Baku Malon Bakù.

Baku Milindi Meleku
Sa Baku Milindi Bokà
Sona Baku Milindi Meleku
Sona Baku Malon Bakù.
Sona Baku Malon Bakù.
Sona Baku Malon Bakù.

Awea.

34 CALL & RESPONSE

Solo	Coro
Io son da solo.	*Noi siamo in tanti.*
Io che vi chiamo.	*Noi rispondiamo.*
Batto le mani.	*Battiam le mani.*
Adesso insieme.	*Tutti a cantare:*

Soprani 1, Soprani 2 e Contralti

DU BI DU BI DU BA YE! YE!
DU BI DU BI DEY YA! YA!
DU BI DU BI DU BA YE! YE!
EVERYBODY.
DU BI DU BI DU BA YE! YE!
DU BI DU BI DEY YA! YA!
DU BI DU BI DU BA YE! YE!
EVERYBODY SINGING!

Solo	Coro
Call me!	*Call me!*
Response!	*Response!*
Call me!	*Call me!*
Response!	*Response!*
Call me!	*Call me!*
Response!	*Response!*
Call me!	*Call me!*
Response!	*Response!*

Soprani 1, Soprani 2 e Contralti

DU BI DU BI DU BA YE! YE!
DU BI DU BI DEY YA! YA!
DU BI DU BI DU BA YE! YE!
EVERYBODY.
DU BI DU BI DU BA YE! YE!
DU BI DU BI DEY YA! YA!
DU BI DU BI DU BA YE! YE!
EVERYBODY SINGING!
SINGING! SINGING!

35 THE LITTLE DRUMMER BOY

Testo e Musica di Katherine K. Davis, Henry Onorati e Harry Simeone

NOTA: Il testo blu va cantato da Soprani e Contralti

Come they told me Pa rum pum pum pum
A new born King to see, Pa rum pum pum pum
Our finest gifts we bring Pa rum pum pum pum
To lay before the King Pa rum pum pum pum
Rum pum pum pum Rum pum pum pum
So to honour Him Pa rum pum pum pum,
When we come.

Little Baby Pa rum pum pum pum
I am a poor boy too, Pa rum pum pum pum
I have no gift to bring Pa rum pum pum pum
That's fit to give our King Pa rum pum pum pum
Rum pum pum pum Rum pum pum pum
Shall I play for you, Pa rum pum pum
On my drum?

Orchestra

Mary nodded Pa rum pum pum pum
The ox and lamb kept time Pa rum pum pum pum
I played my drum for Him Pa rum pum pum
I played my best for Him Pa rum pum pum pum
Rum pum pum pum Rum pum pum pum
Then He smiled at me Pa rum pum pum pum
Me and my drum.
Me and my drum.
Me and my drum.

Il piccolo suonatore di tamburo

Vieni, mi dissero,
a vedere il nostro Re appena nato.
Portiamo i nostri doni più belli
Per deporli ai suoi piedi,
Rum...
così gli renderemo onore,
quando giungeremo là.

Piccolo Gesù,
anch'io sono un ragazzo povero.
Non ho doni da portare
che siano adatti al nostro Re.
Rum...
Vuoi che suoni per te
sul mio tamburo?

Maria fece cenno di sì con il capo.
Il bue e l'agnello battevano il tempo.
Ho suonato il mio tamburo per Lui.
Ho suonato meglio che potevo per Lui.
Rum...
E allora egli sorrise,
a me e al mio tamburo.
A me e al mio tamburo.
A me e al mio tamburo.

36

ADIEMUS

Testo e Musica di Karl Jenkins

Solo Hee hee hee hee hee hee hee hee…

Ariadiamus late
ariadiamus da
aria natus late adua
Solo + 2ª voce Aravare tue vate
aravare tue vate
aravare tue vate latea.
(2 Volte)

Soprani
Contralti 1-2
Anamana coole rawe
anamana coole ra
anamana coole rawe akala
anamana coole rawe akala… *ayacooaheh* (**4ª voce**)
anamana coole rawe akala… *ayacooaheh* (**4ª voce**)
aya doo aye
aya doo aye.

Solo Flauto

Anamana coole rawe
anamana coole ra
anamana coole rawe akala
anamana coole rawe akala… *ayacooaheh* (**4ª voce**)
anamana coole rawe akala… *ayacooaheh* (**4ª voce**)
aya doo aye
aya doo aye.

Solo Ariadiamus late
ariadiamus da
aria natus late adua
Solo + 2ª voce Aravare tue vate
aravare tue vate
aravare tue vate latea.

Sopr./Contr.1-2 Anamana coole rawe
…

Solo yakama yamaya kayamema
Sopr./Contr.1-2 ayacooaheh
(5 Volte)

Solo yakame
Sopr./Contr.1-2 ayacooaheh ayacooaheh
(2 Volte)

37

VA' PENSIERO

Dall'opera "Nabucco" di Giuseppe Verdi

Va' pensiero sull'ali dorate (1),
va', ti posa sui clivi, sui colli.
Ove olezzano (2) tepide (3) e molli
l'aure dolci del suolo natal!

Del Giordano le rive saluta,
di Sionne le torri atterrate (4)...
Oh mia patria sì bella e perduta!
Oh membranza (5) sì cara e fatal (6)!

Arpa d'or dei fatidici vati (7)
perché muta dal salice pendi? (8)
Le memorie nel petto raccendi (9),
Ci favella del tempo che fu.

O simile di Sòlima (10) ai fati
traggi un suono di crudo lamento.
O t'ispiri il Signore un concento (11)
che ne infonda al patire virtù (12).
Che ne infonda al patire virtù.
Che ne infonda al patire virtù.
Al patire virtù.

NOTE

1) I suoni possono ben definirsi come *le ali del canto* poiché l'arte supera le barriere fra gli uomini e accomuna i popoli. Per W. Goethe infatti: *Il mezzo migliore per fuggire il mondo è l'Arte. Il mezzo migliore per tornare nel mondo è l'Arte.*

2) Sui colli della patria profuma la dolce aria della terra in cui si è nati. Ognuno di noi riconosce le caratteristiche dei luoghi della propria infanzia, con i quali si sente legato da un ideale *cordone ombelicale* materno.

3) *Tepide*: tiepide.

4) Qui si vive un ricordo contrastante: quello del fiume Giordano che porta la vita alla propria patria e quello della distruzione di Gerusalemme. *Sionne* sta per Sion, che significa *città fortificata*, difesa dalle torri, quindi *Sionne* sta per Gerusalemme.

5) *Membranza*: rimembranza, ricordo.

6) *Fatal*: ricordo fatale per due motivi: un ricordo che nasce dal volere del Fato, del destino e il ricordo legato all'impossibilità di fare ritorno nella propria patria.

7) Questa parte si rifà al salmo 136: *Là sui fiumi di Babilonia sostammo, piangendo al ricordo di Sion. E ai salici di quella terra sospendemmo le nostre cetre*. Questa stessa frase è molto importante nel canto dedicato a *Il giorno della memoria*.

8) Riferimento allo stesso salmo: *Come cantare i Canti del Signore in un paese straniero?*

9) *Raccendi*: riaccendi.

10) Solima è un altro nome che sta per Gerusalemme. Infatti Gerusalemme in latino si dice *Jerosolima*. Da notare *O simile* (senza accento sulla seconda sillaba) che sta per *così come Gerusalemme.*

11) Che il Signore ti ispiri un canto. *Concentus* in latino allude al *cantare assieme*, cioè fare un *concento*, un concerto.

12) Che infonda virtù al nostro soffrire. Il canto, come l'arte in genere, possono aiutare l'uomo nel momento del dolore.

CONOSCERE

OTTOCENTO
PASSIONI E RIVOLUZIONI

esalta e promuove

- le aspirazioni della Classe borghese
- il sentimento di indipendenza dai domini stranieri
- lo sviluppo industriale

IL ROMANTICISMO

come

- patriottismo
- orgoglio per le tradizioni popolari
- libera espressione dei sentimenti

Giuseppe Mazzini

Giuseppe Garibaldi

Goffredo Mameli

che coinvolge molti aspetti della vita e dell'arte

LETTERATURA

Poesia

Giacomo Leopardi
L'infinito

Prosa

Alessandro Manzoni
I Promessi Sposi

ARTE

Francesco Hayez
Il bacio

Eugène Delacroix
La libertà che guida il popolo

ROMANTICISMO MUSICALE

che si manifesta nei tre seguenti filoni

MELODRAMMA
che comunemente chiamiamo **Opera**

Gioacchino Rossini
Il Barbiere di Siviglia
Guglielmo Tell

Giuseppe Verdi
Il Nabucco
Aida

Richard Wagner
La Valkiria
Tannhäuser

MUSICA STRUMENTALE
Sinfonie, Poemi sinfonici, Sonate, Concerti, ecc.

Franz Schubert
Quintetto *La Trota*
Sinfonia Incompiuta

Felix Mendelssohn
Sogno di una notte di mezza estate
Romanze senza parole

Robert Schumann
Album per la gioventù
Carnaval

VIRTUOSISMO
Brani di eccezionale difficoltà tecnica

Fryderyk Chopin
Notturni, Polacche
per Pianoforte

Niccolò Paganini
24 Capricci per violino solo
Il carnevale di Venezia

Franz Liszt
6 Studi trascendentali
Rapsodie ungheresi

39

LE TANTE MUSICHE DEL NOVECENTO

MUSICA COLTA

Rendere Presente il Passato

Ottorino Respighi
I Pini di Villa Borghese

Carl Orff
Carmina Burana

John T. Williams
Musica per i film:
Incontri ravvicinati del 3° tipo
Indiana Jones

Ennio Morricone
Musica per i film:
C'era una volta in America
Mission

Rendere Futuro il Presente

Igor Stravinskij
La Sagra della Primavera
L'uccello di fuoco

Arnold Schönberg
Un sopravissuto di Varsavia
Pierrot lunaire

John Cage
4'33''
Baccanale

Luciano Berio
Sequenze per strumento solo
A-Ronne

MUSICA LEGGERA

In Italia

Domenico Modugno
Nel blu dipinto di blu

Gianni Morandi
Un mondo d'amore

Fabrizio De André
La canzone di Marinella

Jovanotti
L'ombelico del Mondo

Nel Mondo

Elvis Presley
Stuck on you

The Beatles
Hey Jude
Lady Madonna

Pink Floyd
The great Gig in the Sky

Eminem
Soldier

MUSICA JAZZ

Louis Armstrong
West and Blues

Charlie Parker
Lover Man

Miles Davis
In A Silent Way

Stefano Bollani
I'm in the mood for love

COMPLIMENTI!

HAI PORTATO A TERMINE CON PROFITTO TUTTE LE ATTIVITÀ PROPOSTE NEL QUINTO LIBRO DI

NOI e la MUSICA

L'Insegnante

....